भारतीय संस्कृति सभी के लिए

इन्टैक

विरासत शिक्षा और संचार सेवा प्रभाग, इन्टैक

talking CUB

An imprint of Speaking Tiger Books

स्पीकिंग टाइगर बुक्स एल.एल.पी.
125ए, भूतल, शाहपुर जाट, एशियाई खेल गाँव के पास, नई दिल्ली 110049

विरासत शिक्षा और संचार सेवा, इन्टैक द्वारा तैयार
71 लोदी एस्टेट, नई दिल्ली 110003
www.intach.org
www.youngintach.org

प्रथम प्रकाशित: अक्टूबर 2007, द्वारा अरविंद कुमार पब्लिशर्स
प्रथम पुनर्मुद्रित: अप्रैल 2013

यह संस्करण टॉकिंग कब द्वारा 2023 में इन्टैक के सहयोग से पेपरबैक में प्रकाशित किया गया है,
जो स्पीकिंग टाइगर बुक्स द्वारा प्रकाशित संस्करण का पुनर्प्रकाशन है।

आईएसबीएन: 978-93-5447-290-9
ई-आईएसबीएन: 978-93-5447-288-6

अवधारणा, अनुसंधान, पाठ:
विरासत शिक्षा और संचार सेवा, इन्टैक
शोभिता पुंजा
रोहिणी कंधारी

डिज़ाइन, लेआउट, चित्रण:
अनीता वर्मा
ऋतु टोपा

विशेष आभार:
सांस्कृतिक संसाधन और प्रशिक्षण केंद्र (सी.सी.आर.टी.), दिल्ली; तथा इस पुस्तक में प्रयुक्त तस्वीरों के लिए फ्रेड्रिक अरविडसन और स्वर्गीय जीन-लुई नू के प्रति।

संपादक:
शोभिता पुंजा
पूर्णिमा दत्त

हिंदी अनुवाद
तरुशिखा सुरजन

हिंदी एडिटर:
वैष्णवी सिंह
नानकी कौर

कवर डिज़ाइन: आर्ट क्रिएशंस
मुद्रण:

प्रस्तावना

यह पुस्तक, *भारतीय संस्कृति सभी के लिए*, 10,000 वर्षों के इतिहास की जानकारी देती है, और इस देश, जिसे एक उपमहाद्वीप कहना अधिक उचित होगा, उसकी विभिन्न संस्कृतियों और समुदायों की समृद्धि और विविधता के बारे में बतलाती है। यह एक जटिल विषय को सरल और सरस तरीक़े से प्रस्तुत करने का प्रयास कर रही है।

भारतीय संस्कृति के कई पहलू हैं। इसकी विशिष्ट ख़ूबियों में से एक, इसकी परंपराओं की निरंतरता है। कुछ कौशल, जैसे मिट्टी के बर्तन बनाने की कला, 5,000 वर्षों से निर्बाध रूप से मौजूद हैं। तीसरी सहस्राब्दी ईसा पूर्व की हड़प्पा सभ्यता के बर्तनों पर बने डिज़ाइन आज भी गुजरात में बने बर्तनों पर देखे जा सकते हैं। यही बात नृत्य और संगीत, वस्त्र निर्माण, चित्रकला और मूर्तिकला पर भी लागू होती है।

यह पुस्तक आपको भारत की बहुरूपी रंगारंग झलकियाँ दिखलाती है। प्रत्येक पृष्ठ में शीर्ष पर एक परिचयात्मक पाठ है और सबसे नीचे एक समयरेखा है, जो उस पाठ की विषयवस्तु की अवधि दिखलाती है। पुस्तक में 44 विषय-आधारित दोहरे पृष्ठ और 200 से अधिक चित्र, रेखाचित्र और तस्वीरें हैं, जो दरअसल भारत के आश्चर्यों का एक छोटा-सा नमूना हैं।

हम आपसे आग्रह करते हैं कि आप इन चित्रों को 'पढ़ें'; वे आपको सुराग़ देंगे कि क्या कहा जा रहा है। हम आशा करते हैं कि आपको यह पुस्तक आनंद देगी और आपके लिए वे खिड़कियाँ खोलेंगी, जिससे आप सैकड़ों शताब्दियों के दौरान लाखों-करोड़ों लोगों द्वारा निर्मित इस विविध भूमि को देख, समझ और सराह पाएंगे। आइये भारत की इस महान खोज में आप भी हमारे साथ चलें, और यदि आप भी हमारी तरह इस महान संस्कृति से प्रेम करते हैं, तो इसकी निरंतरता को बनाए रखने के लिए इन्टैक के प्रयासों में शामिल हों।

मैं इन्टैक के मिशन को आगे बढ़ाने के लिए पूर्णिमा दत्त और एच.ई.सी.एस. (विरासत शिक्षा और संचार सेवा) टीम को धन्यवाद देना चाहता हूं। यह हिंदी का पहला संस्करण है।

एच.ई.सी.एस. प्रकाशनों का उद्देश्य युवाओं और विरासत प्रेमियों के बीच विरासत के प्रति जागरूकता और संवेदना पैदा करना है। मैं उन्हें उनके समस्त प्रयासों में सफलता के लिए शुभकामनाएँ भेजता हूँ।

मेजर जनरल (सेवानिवृत्त) एल.के. गुप्ता
अध्यक्ष
भारतीय सांस्कृतिक निधि
2022

विषय सामग्री

1.	प्रकृति प्रेरणा	6 - 7
2.	विभिन्न कलाएं	8 - 9
3.	प्रदर्शन कला	10 - 11
4.	गुफा आश्रय	12 - 13
5.	घुमंतू जीवन	14 - 15
6.	गाँवों की स्थापना	16 - 17
7.	घरों का निर्माण	18 - 19
8.	नगरों का जन्म	20 - 21
9.	हड़प्पा सभ्यता	22 - 23
10.	हड़प्पा और आगे की कलाएं	24 - 25
11.	साहित्य वाचन-लेखन	26 - 27
12.	बुद्ध कथा	28 - 29
13.	स्तूपों की प्रतीकात्मकता	30 - 31
14.	बुद्ध की छवियाँ	32 - 33
15.	महावीर के पदचिह्नों पर	34 - 35
16.	राज्यों का निर्माण	36 - 37
17.	अजंता की खोज	38 - 39
18.	दूर से आए सौदागर	40 - 41
19.	यीशु की कहानी	42 - 43
20.	भारत को अपनाने वाले	44 - 45
21.	देवताओं के निवास	46 - 47
22.	शैलकर्तित मंदिर	48 - 49

23.	ऊँचाईयों की ओर	50 - 51
24.	मंदिर नगर	52 - 53
25.	मंदिर कला	54 - 55
26.	इस्लाम का जन्म	56 - 57
27.	जन्नत का बाग़	58 - 59
28.	अलंकृत ज्यामिति	60 - 61
29.	साम्राज्य की देन	62 - 63
30.	पुस्तक कला	64 - 65
31.	मुग़ल लघुचित्र	66 - 67
32.	लघुचित्रों में जीवन	68 - 69
33.	सिख गुरु	70 - 71
34.	गुरुद्वारा	72 - 73
35.	अटल क़िले	74 - 75
36.	क़िले के हिस्से	76 - 77
37.	राजसी आवास	78 - 79
38.	आकर बसे बाहरी व्यापारी	80 - 81
39.	उपनिवेश की स्थापना	82 - 83
40.	राजधानी की कहानी	84 - 85
41.	नई सामग्री - नए विचार	86 - 87
42.	आधुनिक काल में कला	88 - 89
43.	विश्व विरासत स्थल	90 - 91
44.	अपनी विरासत को बचाएँ	92 - 93
	तस्वीरों और रेखाचित्रों के लिए आभार	94
	ग्रंथ सूची	95
	राष्ट्रीय प्रतीक	96

इस पुस्तक के मानचित्र मात्र उदाहरणार्थ हैं। वे सटीक मापानुसार नहीं बने हैं और न ही अंतर्राष्ट्रीय और अंतर्प्रांतीय सीमाओं को सटीक रूप में दर्शा रहे हैं।

1 प्रकृति प्रेरणा

टेराकोटा हाथी

हाथी

भारतीय कला में हाथी का व्यापक रूप से चित्रण हुआ है: देवताओं के राजा, इंद्र का वाहन ऐरावत है, जो एक हाथी है; बुद्ध की माँ माया ने स्वप्न में एक सफ़ेद हाथी देखा था, जो उनके जन्म की भविष्यवाणी कर रहा था। वर्तमान समय में, केरल में इस प्रिय पशु को समर्पित एक त्यौहार मनाया जाता है।

बाघ

हमारा राष्ट्रीय पशु प्राचीन काल से ही शक्ति और साहस का प्रतीक रहा है। भारतीय पौराणिक कथाओं में माना जाता है कि बाघ के पास राक्षसों से लड़ने से लेकर वर्षा करवाने तक, सब कुछ करने की शक्ति होती है। अफ़सोस की बात है कि आज भारत के जंगलों में 3,000 से भी कम बाघ बचे हैं।

एक बच्चे द्वारा बनाया गया बाघ का चित्र

सिंह पर सवार देवी दुर्गा, लघुचित्र

एशियाई सिंह

भारतीय कला में देवी दुर्गा को सिंह पर विराजमान दिखाया गया है। भारत का राजकीय प्रतीक तीसरी शताब्दी ईसा पूर्व में सम्राट अशोक की राजधानी रही सारनाथ (उत्तर प्रदेश) से लिया गया है। आज भारत के एकमात्र जंगली सिंह गुजरात के गिर राष्ट्रीय अभयारण्य में मिलते हैं।

मोर

भगवान कार्तिकेय (भगवान शिव के पुत्र), सौंदर्य और वैभव के प्रतीक मोर की सवारी करते हैं। मोर, जो भारत का राष्ट्रीय पक्षी है, उसके सुंदर पंख हर वर्ष नए उगते हैं, इसलिए मोर को अमरता का प्रतीक भी माना जाता है।

मोर

भारत अत्यंत प्राकृतिक सौंदर्य और विविधता से भरपूर देश है। प्रकृति के चमत्कारों ने कलाकारों को युगों-युगों से प्रेरित और मोहित किया है। कलाकारों ने जानवरों को जंगल में विचरते हुए देखा, पक्षियों को आकाश में उड़ते हुए देखा, और मछलियों को स्वच्छ जलधाराओं में लहराते हुए देखा।

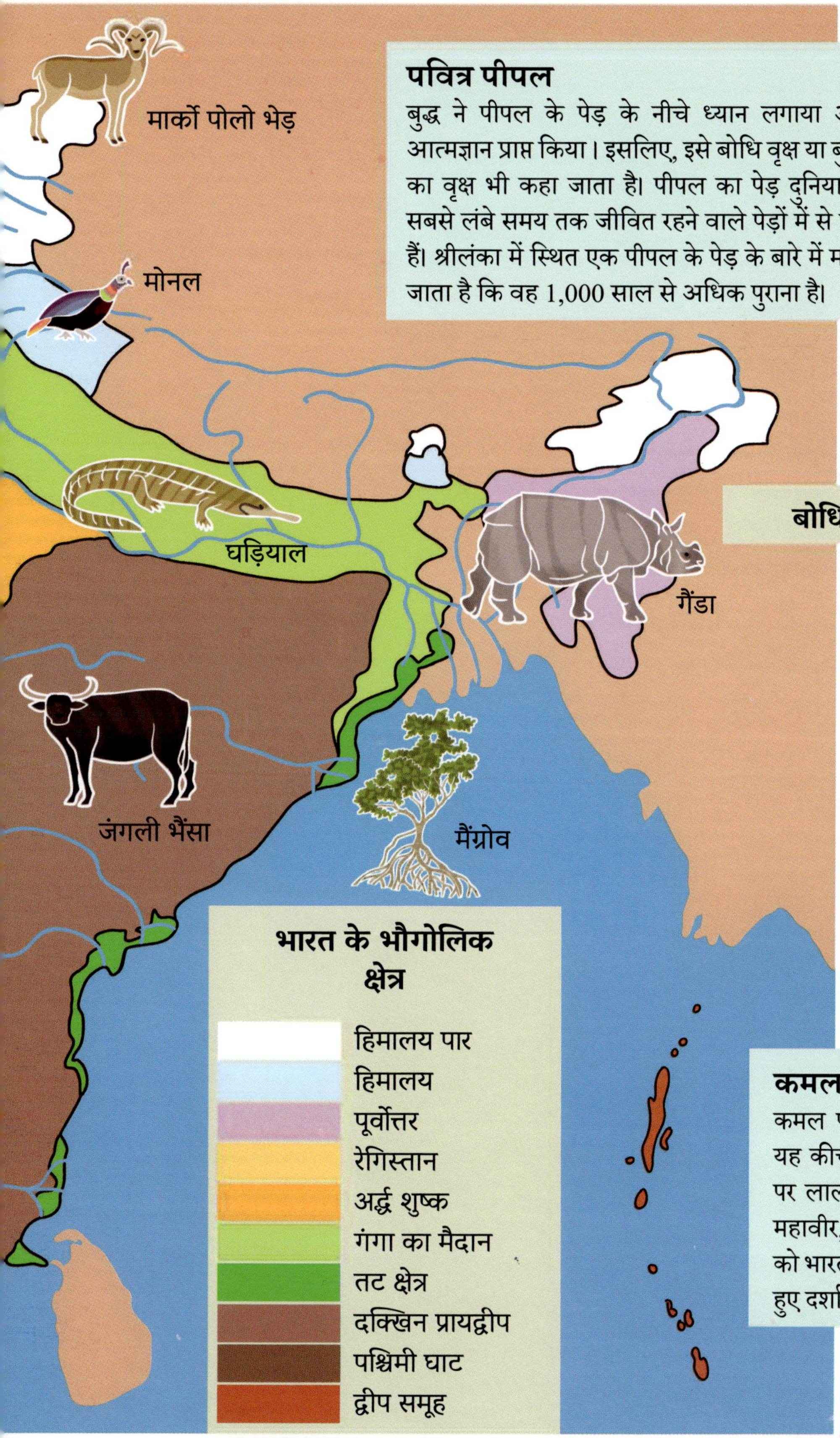

पवित्र पीपल

बुद्ध ने पीपल के पेड़ के नीचे ध्यान लगाया और आत्मज्ञान प्राप्त किया। इसलिए, इसे बोधि वृक्ष या बुद्धि का वृक्ष भी कहा जाता है। पीपल का पेड़ दुनिया के सबसे लंबे समय तक जीवित रहने वाले पेड़ों में से एक हैं। श्रीलंका में स्थित एक पीपल के पेड़ के बारे में माना जाता है कि वह 1,000 साल से अधिक पुराना है।

बोधि (पीपल) के पेड़ की पूजा, साँची

प्रतीकात्मक रूपांकनों के साथ कमल

कमल

कमल पवित्रता और सुंदरता का प्रतीक है, क्योंकि यह कीचड़ में ख़ूबसूरती से खिलता है। यह आमतौर पर लाल, सफ़ेद और गुलाबी रंग का होता है। बुद्ध, महावीर, विष्णु, सरस्वती और कई अन्य देवी-देवताओं को भारतीय कला में कमल पर बैठे हुए या कमल पकड़े हुए दर्शाया गया है।

2 विभिन्न कलाएं

ला मार्टिनियर कॉलेज, लखनऊ, उ.प्र.

वास्तुकला

वास्तुकला इमारतों के डिज़ाइन और निर्माण की कला है। भवन विशिष्ट उद्देश्यों के लिए बनाए जा सकते हैं, जैसे घर, कार्यालय या सिनेमा हॉल। इस कला के लिए इंजीनियरिंग और गणित विषयों का ज्ञान और प्राकृतिक सामग्री की अच्छी समझ की आवश्यकता होती है। हम किसी इमारत को महान या सुंदर तब कहते हैं, जब उसका आकार या स्वरूप देखकर प्रसन्नता होती है, उसमें कोई तकनीकी नवाचार होता है, जिसमें पर्यावरण के अनुकूल सबसे उपयुक्त सामग्री का उपयोग होता है और उसका डिज़ाइन कार्यात्मक होता है।

मिट्टी के पारंपरिक घर, राजस्थान

टेराकोटा मूर्तिकला, मौर्य वंश

मूर्तिकला

मूर्तिकला मिट्टी, पत्थर, धातु या किसी अन्य सामग्री से आकृतियाँ बनाने की कला है। घर और मंदिरों में पूजा के लिए, साथ ही दीवारों को सजाने और आतंरिक सज्जा के लिए छवियों या मूर्तियों का निर्माण किया जाता था।

नटराज की काँस्य मूर्ति, चोल काल

प्राकृतिक संसार में वह सब शामिल है जो प्रकृति ने हमें दिया है, जबकि मानव निर्मित विरासत उन कलाओं के संदर्भ में है, जिन्हें मानव समाज ने युगों-युगों से विकसित किया है। कला कई प्रकार की होती है: प्रदर्शन कलाएँ जैसे संगीत और नृत्य, रूप कलाएँ जैसे वास्तुकला, चित्रकला और शिल्पकला, साथ ही साथ साहित्यिक कलाएँ।

चित्रकला

चित्रकला एक पृष्ठभूमि पर रंग लगाने की या चित्रकारी की कला है। कपड़े पर चित्रकारी को वस्त्र चित्रकला कहा जाता है और दीवार पर बनी इस कला को भित्तिचित्र कहा जाता है। प्राकृतिक रंग पत्तियों और फूलों से मिलते थे, साथ ही रत्नों, मिट्टी या शिलाओं को पीसकर बनाए जाते थे। सतह या पृष्ठभूमि पर रंगों को चिपकाने के लिए उनमें आमतौर पर गोंद मिलाया जाता था, और उंगलियों या ब्रश का उपयोग करके लगाया जाता था। चित्रकारी में विषयों की एक विस्तृत श्रृंखला हो सकती है।

रबीन्द्रनाथ ठाकुर की चित्रकारी

धातु का खिलौना घोड़ा, मध्य भारत

शिल्प

भारत की कलाओं में से एक हस्तशिल्प है जो प्राकृतिक सामग्री से बनते हैं और हमारे दैनिक जीवन का एक महत्त्वपूर्ण हिस्सा होते हैं। इन शिल्पों को बनाने में बड़ा कौशल लगता है, जो कलाकार या शिल्पकार की एक पीढ़ी से अगली पीढ़ी को हस्तांतरित किया जाता है, जिसके परिणामस्वरूप समय और ऐतिहासिक काल के साथ-साथ शिल्प का भी निरंतर विकास होता रहता है।

लकड़ी की मछली, ओडिशा

सामग्री	शिल्प
मिट्टी	बर्तन, चीनी मिट्टी की चीज़ें, खिलौने
पत्थर (ग्रेनाइट, सोपस्टोन, बलुआ पत्थर)	विशाल और लघु कलाकृतियाँ – मूर्तियाँ
रत्न-जवाहर	आभूषण
धातु	आभूषण, बर्तन, देव प्रतिमा और घरों में दैनंदिन उपयोग की वस्तुएँ
लकड़ी (सुगंधित चंदन, सागौन और साल जैसी कठोर लकड़ी)	फ़र्नीचर, कलाकृतियाँ, प्रतिमा और मूर्तियाँ
बाँस	टोकरी, टोपी, चटाई, प्लेट, छतरियाँ और अन्य दैनंदिन वस्तुएँ
कपास, रेशम और ऊन	पारंपरिक परिधान, शॉल, कंबल और समयानुकूल आधुनिक फ़ैशन

3 प्रदर्शन कला

देसी रूप

संगीत

प्रत्येक समुदाय का अपना संगीत और गीत परंपरा होती है। राजा-रानी और अन्य धनवान कला मर्मज्ञ संगीतकारों को बड़ी उदारता से संरक्षण देते थे। संगीत दो प्रकार से प्रस्तुत किया जाता है: गायन और वादन।

राजस्थानी संगीतकार

भांगड़ा, पंजाब

नृत्य

गीत और नृत्य त्यौहारों, मौसम, काम और गतिविधियों जैसे फ़सल कटाई, और मनुष्य के जीवन-चक्र जैसे जन्म और विवाह, आदि के साथ जुड़े हुए हैं।

छाऊ, पश्चिम बंगाल

रंगमंच

भारत भर के गाँवों में, खुले में नाट्य प्रदर्शन - जैसे महाराष्ट्र में तमाशा, उत्तर प्रदेश में नौटंकी, कर्नाटक में यक्षगान, केरल में कृष्णअट्टम और बिहार और बंगाल में छाऊ अभी भी बहुत लोकप्रिय हैं।

कठपुतली, राजस्थान

कठपुतली

कठपुतली एक गुड़िया या आकृति होती है, जो किसी व्यक्ति, जानवर या किसी वस्तु के रूप में होती है, जिसका उपयोग कहानी सुनाने के लिए किया जाता है। इसे विभिन्न प्रकार की सामग्रियों से बनाया जा सकता है और विभिन्न तरीक़ों से नचाया जा सकता है।

राजस्थान की डोरी कठपुतली
केरल की दस्ताना कठपुतली
बंगाल की छड़ कठपुतली
आंध्र प्रदेश/ओडिशा की छाया कठपुतली

प्राचीन काल से, लोगों ने अपनी भावनाओं और विचारों को व्यक्त करने के लिए प्रदर्शन कलाओं का उपयोग किया है, जैसे संगीत, नृत्य, रंगमंच और कठपुतली। भारत में कला की दो शाखाएँ हैं: मार्गी या शास्त्रीय रूप, और देसी जो पूरे भारत में कई समुदायों की स्थानीय कलाओं के संदर्भ में प्रयुक्त होती हैं।

मार्गी रूप

मार्गी या शास्त्रीय भारतीय संगीत की दो शैलियाँ हैं:

1. हिंदुस्तानी (उत्तर भारत की)
2. कर्नाटक (दक्षिण भारत की)

वाद्ययंत्र

वाद्ययंत्रों का वर्गीकरण इस प्रकार किया जा सकता है:

ठोस या **घन वाद्य** ऐसे वाद्य जिन पर प्रहार करने से ध्वनि उत्पन्न होती है: झांझ, घड़ियाल

पवन या सुशीर वाद्य जिनसे ध्वनि उत्पन्न करने के लिए फूँक मारने की आवश्यकता होती है: बाँसुरी, शहनाई

तार या तंत वाद्य ऐसे वाद्य जिनमें ध्वनि उत्पन्न करने के लिए तार लगे होते हैं: वीणा, सरोद, सितार

ताल या अवनद्ध वाद्य इनमें एक खोखले फ्रेम पर एक झिल्ली/चमड़ा फैला होता है, जिस पर आघात कर उसे बजाया जाता है: तबला, मृदंगम

नृत्य

भारत में विभिन्न नृत्य रूप हैं: शास्त्रीय नृत्य, भारत के विभिन्न भागों के क्षेत्रीय नृत्य और आधुनिक नृत्य।

रंगमंच

पारंपरिक भारतीय रंगमंच में रचनात्मक अभिव्यक्ति के कई रूप, जैसे गायन, नृत्य, नकल, चित्रकारी, वेशभूषा और मुखौटे तैयार करना, आदि शामिल होते हैं।

शास्त्रीय नृत्य रूप

भरतनाट्यम – तमिलनाडु और कर्नाटक
कथकली – केरल
कथक – उत्तर भारत
मणिपुरी – मणिपुर
ओडिसी – ओडिशा
मोहिनीअट्टम – केरल
कुचिपुड़ी – आंध्र प्रदेश
सात्रीय – असम

मणिपुरी नर्तकियाँ

कुट्टियाट्टम

केरल के धार्मिक रंगमंच का यह रूप, मूल रूप से चाक्यार, नांबियार और नांगियार समुदायों द्वारा 12वीं से 17वीं शताब्दी तक मंदिरों के रंगमंच, जिन्हें कुट्टमपालम कहा जाता था, पर प्रदर्शित किया जाता था। इसका पाठ और संगीत शास्त्रीय शैली का है, जिसमें हस्तमुद्राओं और आँखों के संचालन पर ज़ोर होता है।

इस पारंपरिक नाट्य रूप की प्रस्तुति अब धन की कमी के कारण लुप्त होने की कगार पर है, और इसे प्रस्तुत करने वाले 18 चाक्यार परिवारों में से केवल पाँच ही बचे हैं। यूनेस्को ने 2001 में कुट्टियाट्टम को विश्व की एक लुप्तप्राय मौखिक और अमूर्त विरासत घोषित किया था।

कुट्टियाट्टम, केरल

4 गुफा आश्रय

आश्रय और घर

आश्रय, जैसा कि नाम से पता चलता है, मनुष्य को वर्षा, गर्मी और ठंड से और अन्य ख़तरों से सुरक्षा प्रदान करते हैं। घर में एक परिवार के साथ-साथ उनका सामान भी आश्रय पाता है, और परिवार को शारीरिक आराम और सुरक्षा की भावना महसूस होती है।

पाषाण युग मानव द्वारा प्रयुक्त किया जाने वाला एक पाषाण उपकरण

भित्तिचित्र, भीमबेटका, म.प्र.

11000-7000 ईसा पूर्व,
मध्य पाषाणकालीन शैल कला स्थल, भीमबेटका, म.प्र.

2500 ईसा पूर्व | 2000 ईसा पूर्व | 1500 ईसा पूर्व | 1000 ईसा पूर्व | 500 ईसा पूर्व

भारत, ऑस्ट्रेलिया और दक्षिण अफ़्रीका में पाषाण युग की प्राचीन गुफाएं कला का सबसे समृद्ध भंडार है। 10,000 साल पहले के प्रारंभिक समुदायों ने भारत के कई क्षेत्रों में प्राकृतिक गुफाओं और शिलाओं में अपना आश्रय बनाया था। उन्होंने अपने आश्रय स्थलों को चित्रों, रेखाचित्रों और उत्कीर्णन से सजाया था।

गुफाओं का बाहरी भाग, भीमबेटका, म.प्र.

भीमबेटका की खोज

1958 में, जब पुरातत्वविद् वी. एस. वाकणकर ट्रेन से भोपाल की यात्रा कर रहे थे, तब उन्होंने भीमबेटका के पास कुछ असामान्य शैल संरचनाओं को देखा। वह एक टीम लेकर इस स्थल पर वापस गए, और इन अतुल्य गुफाओं की खोज की।

भित्तिचित्र, भीमबेटका, म.प्र.

विश्व विरासत स्थल

भीमबेटका, मध्य प्रदेश

भीमबेटका अपने प्राकृतिक शैल, आश्रय समूहों और इनमें से कुछ गुफाओं में उत्कीर्ण चित्रों के लिए प्रसिद्ध है। यहाँ शिकार और भोजन एकत्र करने वाले समुदायों द्वारा निर्मित 10,000 साल पुराने पत्थर के औज़ार और चकमक पत्थर पाए गए। यहाँ के चित्रों में हज़ारों साल पहले के रोज़मर्रा के जीवन के दृश्य हैं: शिकार के दृश्य, विभिन्न प्रकार के जानवर, और उत्सव के चित्र, जैसे नृत्य करते और वाद्य यंत्र बजाते लोग।

इन गुफाओं के संरक्षण और परिरक्षण को सुनिश्चित करने के लिए, भीमबेटका को 2004 में यूनेस्को ने विश्व विरासत स्थल घोषित किया गया था।

भित्तिचित्र, भीमबेटका, म.प्र.

500 ईसा पूर्व | 0 | 500 ईसवी | 1000 ईसवी | 1500 ईसवी | 2000 ईसवी

5 घुमंतू जीवन

आश्रय के रूप में तंबू

तंबू अस्थायी आश्रय या चल घर होते हैं जो कपड़े, चमड़े या अन्य सामग्रियों से बने हो सकते हैं और लकड़ी के डंडों पर टिके होते हैं। कठोर जलवायु और प्रतिकूल परिदृश्य के कारण खानाबदोश समुदाय अपने लिए और अपने मवेशियों के लिए मौसम अनुसार उपयुक्त चरागाह खोजने के लिए मजबूर हो जाते हैं। कुछ खानाबदोश समूहों में, पूरे के पूरे परिवार – माता-पिता, बच्चे, बुजुर्ग, अपने मवेशी झुंड के साथ चलते हैं। वे अपना सारा सामान ले जाते हैं, और ऐसे स्थानों पर अपने तंबू लगाते हैं, जहाँ उन्हें पानी और चरागाह मिलते हैं।

तंबू के नीचे बैठकर कुश्ती का खेल देखते हुए मुग़ल वंश का संस्थापक बाबर

तंबू लगाना और निकालना आसान है, और आज भी दुर्गा पूजा जैसे समारोहों के लिए इनका उपयोग किया जाता है।

11000 ईसा पूर्व - 7000 ईसा पूर्व, खानाबदोश समूह विशाल होते गए और अस्थायी रूप से प्राकृतिक आश्रयों में बस गए

2500 ईसा पूर्व | 2000 ईसा पूर्व | 1500 ईसा पूर्व | 1000 ईसा पूर्व | 500 ईसा पूर्व

शिकारी, भोजन-संग्रहकर्ता और चरवाहा समुदाय एक स्थान पर नहीं टिकते हैं, बल्कि आमतौर पर अपने मवेशियों के लिए भोजन और चरागाह की तलाश में मौसमानुकूल लंबी यात्राएँ करते हैं। खानाबदोश जीवन सदियों से प्रचलित रहा है और आज भी भारत में कई खानाबदोश समुदाय हैं।

बकरवाल समुदाय

जम्मू और कश्मीर के बकरवाल गर्मियों में अपने बकरियों और भेड़ों के झुंड को हरे पहाड़ी चरागाहों में ले जाते हैं, और सर्दियों में नीचे की तरफ़ गर्म घाटियों और मैदानों में ले आते हैं। बकरवाल इस क्षेत्र में इतने वर्षों से घूम रहे हैं कि उन्हें अपने प्राकृतिक पर्यावरण के औषधीय पौधों और प्रकृति के अन्य रहस्यों का गहरा ज्ञान हो गया है।

भारत की लगभग 7 प्रतिशत आबादी खानाबदोश है। इन समुदायों को उनकी पारंपरिक जीवनशैली में जीने देने के लिए हमें क्या करना चाहिए?

2000 ईसवी, कश्मीर के बखरवाल जैसे खानाबदोश समुदाय आज भी मौजूद हैं

500 ईसा पूर्व | 0 | 500 ईसवी | 1000 ईसवी | 1500 ईसवी | 2000 ईसवी

6 गाँवों की स्थापना

एक जगह बसना

फ़सल उगाने और मवेशियों को पालने के लिए उन पर निरंतर ध्यान देने की आवश्यकता थी, इसलिए समुदायों ने अपने खेतों और प्रमुख जल स्रोतों के आसपास रहना शुरू कर दिया। इस तरह की बस्तियों से गाँवों का विकास हुआ।

एक व्यवस्थित जीवन के लिए अधिक स्थायी घरों की आवश्यकता होती है, लेकिन समुदाय के कुछ सदस्य शिकार करने, मछली पकड़ने, आसपास के जंगलों से फल और औषधीय पौधों को इकट्ठा करने के लिए, तंबू या अस्थायी आश्रयों में ही रहते रहे।

रैखिक बस्तियाँ

घरों का निर्माण नदी के किनारे, बाज़ार की ओर जाने वाली मुख्य सड़कों, राजमार्ग या रेलवे लाइन के किनारे किया जाता है।

10000-5000 ईसा पूर्व, घरेलू पौधे उगाना और जानवरों को पालतू बनाना; बड़े कृषि उपकरण; मिट्टी-ईंट और पत्थर के घर

7000 ईसा पूर्व, मेहरगढ़ (पाकिस्तान), सबसे प्रारंभिक कृषि बस्तियों में से एक

2500 ईसा पूर्व | 2000 ईसा पूर्व | 1500 ईसा पूर्व | 1000 ईसा पूर्व | 500 ईसा पूर्व

प्रकृति के वार्षिक चक्र, फूलों के खिलने के बाद फलों के पकने तक, का अवलोकन कर मानव समुदायों ने विभिन्न प्रकार की कृषि पद्धतियों और कौशलों का आविष्कार किया। 10,000 और 5,000 ईसा पूर्व के बीच, लोगों ने और बेहतर पत्थर के औज़ार बनाए ताकि उन्हें अपना भोजन स्वयं विकसित करने में और आसानी हो। वे यह समझने लगे कि सिंचाई, जलवायु और ऋतुएँ फसलों की वृद्धि को कैसे प्रभावित करती हैं।

बस्तियों का स्वरूप

विभिन्न प्रकार के गाँवों का विकास जल, सामग्री और अन्य संसाधनों के स्रोतों के निकट हुआ। प्रत्येक गाँव का अपना नाम, वहाँ घर और खेत, बाज़ार या साप्ताहिक हाट, पूजा और शिक्षा के लिए स्थान, मवेशियों को चराने के लिए साझा भूमि और मेलों और त्यौहारों को मनाने के लिए खुले मैदान थे।

पृथक बस्तियाँ

मकान उनके खेतों के आकार के आधार पर एक दूसरे से दूर बनते हैं।

आज भी, भारत की 70% से अधिक आबादी ग्रामीण क्षेत्रों में रहती है।

सटी हुई बस्तियाँ

मकान एक साझा दृष्टि के साथ या साझा संसाधनों के आसपास एक साथ बनाए जाते हैं – जैसे कोई झील, कोई क़िला, कोई बाज़ार, कोई ग्रामीण केंद्र या कोई धार्मिक स्थल। ऐसे गाँव प्रायः नगरों के रूप में विकसित हो गए।

500 ईसा पूर्व | 0 | 500 ईसवी | 1000 ईसवी | 1500 ईसवी | 2000 ईसवी

7 घरों का निर्माण

पारंपरिक घर

गुजरात का एक पारंपरिक घर

गोल आकार से सूर्य के ताप के संपर्क में आने वाला सतह क्षेत्र कम हो जाता है, ठंडी हवाओं और रेतीले तूफ़ान का प्रभाव कम होता है।

कश्मीर का एक पहाड़ी घर

भेड़ और याक जैसे मवेशियों को घर की निचली मंज़िल में रखा जाता है, जिससे घर गर्म बना रहता है।

राजस्थान की एक हवेली

रेगिस्तान की अत्यधिक कठोर जलवायु में, पत्थर गर्मियों में घर को ठंडा और सर्दियों में गर्म रखता है।

ब्रिटिश काल का एक बंगला

इन बंगलों को दोपहर की तेज़ धूप और बारिश से बचाने के लिए इनमें बड़ा बरामदा बनाया जाता था, जिनसे ठंडी हवा अंदर आती थी।

केरल का एक पारंपरिक घर

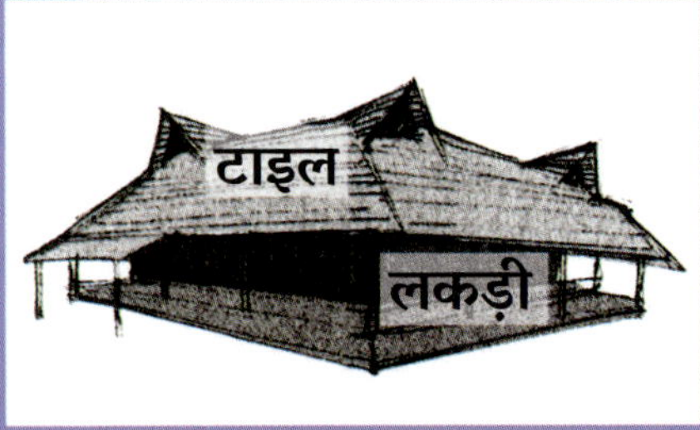

केरल में साल में दो बार मानसून आता है। इसलिए घरों की छतें ढलान वाली होती हैं, जिससे बारिश का पानी रुकता नहीं है और बह जाता है।

मेघालय का एक घर

बाढ़ से घर को सुरक्षित रखने के लिए पूरा घर लकड़ी की बल्लियों पर टिका होता है।

6000-600 ईसा पूर्व, पत्थर की नींव पर बने मकान; साझा आँगन वाले घरों का वृत्ताकार समूह बनने लगा

2500 ईसा पूर्व, पकी हुई ईंटों से बने हड़प्पाकालीन घर

2500 ईसा पूर्व | 2000 ईसा पूर्व | 1500 ईसा पूर्व | 1000 ईसा पूर्व | 500 ईसा पूर्व

भारत में अलग-अलग भौगोलिक क्षेत्र हैं जहाँ मनुष्य सैकड़ों वर्षों से रह रहा है और उसने वहाँ अपनी अनूठी संस्कृति का निर्माण किया है। उदाहरण के लिए, समुद्र किनारे रहने वालों की जीवनशैली, पहाड़ों में रहने वाले लोगों की या रेगिस्तानी समुदायों की जीवनशैली से अलग होती है।

अनूठे डिज़ाइन

जहाँ एक ओर किसी गाँव में एक जैसे आकार और शैली के घर होते हैं, वहीं दूसरी ओर प्रत्येक घर अपने आप में अनूठा होता है, जिसे उस घर की महिलाएँ विशिष्ट तरीक़े से सजाती हैं।

मकान निर्माण के पूराने तरीक़े अब संकटग्रस्त हैं। पारंपरिक और पर्यावरण के अनुकूल कौशल और तरीक़ों के बदले अब अनुपयुक्त, आधुनिक निर्माण तकनीकों और सामग्रियों को ज़्यादा अपनाया जा रहा है।

मध्य प्रदेश के एक गाँव ओरछा में अलंकृत दरवाज़ा

राजस्थान के रेगिस्तान में ज्यामितीय पैटर्न में रंगा एक घर का आँगन

राजस्थान में एक घर का सज्जित प्रवेश द्वार

तमिलनाडु की कोलम सज्जा का एक रूप

चूना पाउडर एक प्राकृतिक कीटाणुनाशक है, जो घरों को कीड़ों और दीमक से बचाता है। शादियों, त्यौहारों और अन्य समारोहों के लिए, मानसून के बाद चूने का उपयोग करके घरों की दीवारों को पोता और सजाया जाता है।

8 नगरों का जन्म

गाँव

नदी के किनारे के गाँव समृद्ध हुए और उन्होंने समुदाय की तात्कालिक ज़रूरतों से अधिक खाद्यान का उत्पादन किया, तो कुछ लोगों को अधिक ख़ाली समय मिलने लगा। कृषि कार्य से बचने वाले समय में, उन्हें शिल्प जैसे विशिष्ट कौशल और व्यापार के गुर सीखने का अवसर मिला। नए कौशल ने ग्रामीण अर्थव्यवस्थाओं को मज़बूत किया, और उनमें से कुछ का विस्तार बड़े क़स्बों और शहरों के रूप में हुआ।

क़स्बे और शहर

क़स्बा वह होता है, जहाँ का प्राथमिक व्यवसाय कृषि नहीं होता, बल्कि वहाँ के निवासी कई गतिविधियों जैसे व्यापार, शिक्षा, कला, प्रशासन और शासन में संलग्न होते हैं।

गंगा के घाट, वाराणसी, उ.प्र.

सभ्यताएँ

कोई सभ्यता शहरों के विस्तार, जनसंख्या और शहरी जीवन के उद्भव को दर्शाती है।

3000 ईसा पूर्व, मेसोपोटामिया में लेखन का सबसे प्रारंभिक प्रमाण

3000 ईसा पूर्व, गाँवों के आकार में वृद्धि

2780 ईसा पूर्व, मिस्र में डिज़ाइन किया गया पहला पिरामिड

2500-1500 ईसा पूर्व, हड़प्पा सभ्यता

2300 ईसा पूर्व, हड़प्पावासियों और मेसोपोटामिया वासियों के बीच व्यापार

1000-600 ईसा पूर्व, शिल्पी विशिष्ट शिल्प में सिद्धहस्त हुए

2500 ईसा पूर्व | 2000 ईसा पूर्व | 1500 ईसा पूर्व | 1000 ईसा पूर्व | 500 ईसा पूर्व

कई प्राचीन सभ्यताओं का विकास बड़ी नदियों के किनारे हुआ था। पहाड़ों से मैदानों की ओर बहने वाली नदियाँ खनिजों से भरपूर मिट्टी लाती हैं जो कृषि के लिए अच्छी होती हैं। आत्मनिर्भर ग्रामीण अर्थव्यवस्थाओं, जिनका प्राथमिक व्यवसाय खेती था, में बस्तियाँ घनी होती गईं और क़स्बों तथा शहरों में विकसित हुईं।

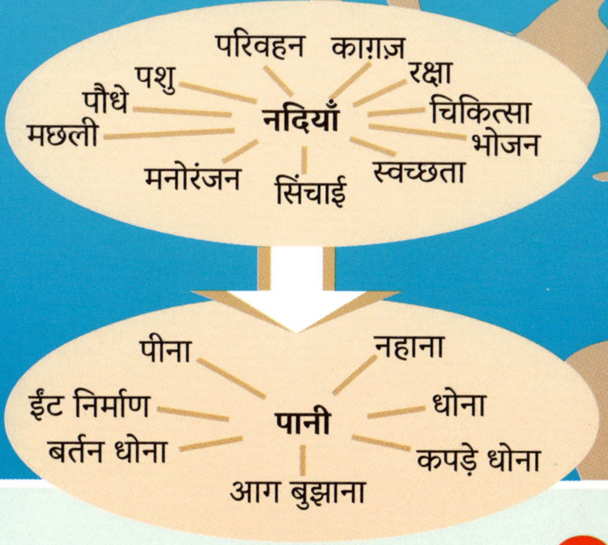

सभ्यताएँ या प्राचीन संसार

मेसोपोटामिया की सभ्यता दजला नदी और फरात नदी घाटी (अब इराक़) के बीच

मिस्र की सभ्यता नील नदी के किनारे

हड़प्पा सभ्यता सिंधु और घग्गर- हकड़ा (अब भारत और पाकिस्तान) नदियों के किनारे

चीनी सभ्यता ह्वांगहो के किनारे

पिछले 50 वर्षों में गंगा अत्यधिक प्रदूषित हो गई है। पृथ्वी पर सबसे घनी मानव बसाहटों में से एक गंगा के किनारे है। उद्योगों से रिसते रसायन, मल, मानव अपशिष्ट के साथ-साथ मवेशी अपशिष्ट भी इस पावन नदी को प्रदूषित कर रहे हैं।

0-300 ईसवी, देश भर में विशिष्ट शिल्प केंद्र उभरे

500 ईसा पूर्व | 0 | 500 ईसवी | 1000 ईसवी | 1500 ईसवी | 2000 ईसवी

9 हड़प्पा सभ्यता

नगर योजना

ये 5,000 साल पुराने नगर सुनियोजित थे:

मुख्य सड़कों से जगह-जगह किनारों पर निकलती गलियाँ बनी थीं

शिल्प उत्पादन के लिए कार्यशाला क्षेत्र बने थे

विशालकाय संरचनाओं के लिए मिट्टी-ईंट के बड़े चबूतरे का इस्तेमाल किया जाता था

अन्न भंडार या गोदाम बनाए गए थे

आवासीय क्षेत्र शहर के पूर्व में थे

स्नानागारों से जल निकासी की अच्छी व्यवस्था थी, जो शहर की मुख्य जल निकासी व्यवस्था से जुड़ी हुई थीं, साथ ही ढँकी हुई थी

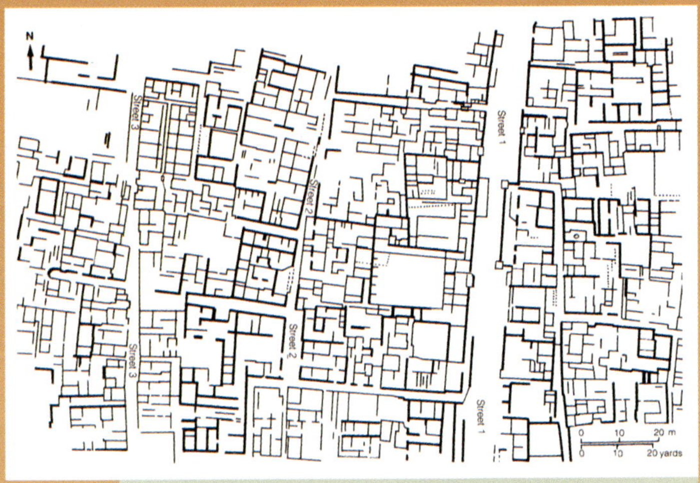

मोहनजोदड़ो नगर की योजना, वर्तमान पाकिस्तान

हड़प्पाकालीन मकान

एक विशिष्ट हड़प्पाकालीन मकान में निम्नलिखित विशेषताएँ होती थीं:

सपाट छत

कुछ मकान दो मंज़िला थे

मकान मानक आकार की पकी हुई ईंटों से बनाए जाते थे

दरवाज़े गली की ओर खुलते थे, घर के बीच में एक आँगन होता था और चारों ओर कमरे होते थे

हर घर में एक रसोई और पानी के लिए एक कुआँ था

नई दिल्ली स्थित राष्ट्रीय संग्रहालय में हड़प्पा सभ्यता की वस्तुओं का विश्व का सबसे बड़ा संग्रह है।

2500-1500 ईसा पूर्व, हड़प्पा सभ्यता
1700 ईसा पूर्व, हड़प्पा सभ्यता का पतन
1500 ईसा पूर्व, प्रथम आर्य आक्रमण

2500 ईसा पूर्व | 2000 ईसा पूर्व | 1500 ईसा पूर्व | 1000 ईसा पूर्व | 500 ईसा पूर्व

1920 के दशक में मोहनजोदड़ो की खोज से यह पुष्टि हुई कि भारत, मिस्र और चीन की तरह, दुनिया की सबसे पुरानी सभ्यताओं में से एक था। पाकिस्तान और उत्तर-पश्चिमी भारत में सिंधु और घग्गर-हकड़ा नदियों के आसपास 1,000 वर्ग किलोमीटर के क्षेत्र में हुए उत्खनन में 1,000 से अधिक शहरों की खोज हुई है, जो इसे अपने समय की सबसे व्यापक सभ्यता बनाते हैं।

नगरीय अर्थव्यवस्था

हड़प्पा के नगर व्यापार और वाणिज्य के केंद्र थे। अर्थव्यवस्था का संबल गाँवों में उगाए जाने वाले खाद्यान्न थे, जिन्हें बैलगाड़ी या नाव द्वारा क़स्बों और शहरों तक पहुँचाया जाता था। व्यापारियों ने दक्षिण भारत, अफ़ग़ानिस्तान, मेसोपोटामिया और ईरान के साथ व्यापारिक संबंध भी स्थापित किए थे।

जानवरों से घिरी सींगों वाली आकृति की मुहर, राष्ट्रीय संग्रहालय, नई दिल्ली

मुहरें (सील)

अच्छी तरह वर्गीकृत बाट और माप, और व्यापारियों के व्यापारिक संकेतों के साथ बनी मुहरों (ठप्पे के लिए सिलखड़ी की पट्टी) से पता चलता है कि ये शहर व्यापार के माध्यम से समृद्ध हुए। सामानों पर माल के स्वामित्व का संकेत देने वाली हज़ारों मुहरें अंकित मिलीं। प्रत्येक मुहर पर एक पशु रूपांकन या आकृति और एक लिपि उकेरी हुई थी जिसे अभी तक कोई बूझ नहीं पाया है। जब इस लिपि को समझ लिया जाएगा, तो हम इस अविश्वसनीय रूप से परिष्कृत नगरीय संस्कृति और इसके निवासियों के बारे में और भी बहुत कुछ जान पाएंगे।

मुहर पर उत्कीर्ण बैल की आकृति और अबूझ लिपि

मोहनजोदड़ो के खंडहर, पाकिस्तान

ये शहर क्यों खो गए और क्यों भुला दिए गए

उत्खनन से पता चलता है कि इनमें कई बार बाढ़ और आग का प्रकोप हुआ, लेकिन यहाँ के निवासियों ने प्रत्येक आपदा के बाद इन शहरों का पुनर्निर्माण जारी रखा। हो सकता है कि कोई ऐसा भूकंप आया हो, जिसने नदी के मार्ग को बदल दिया हो और लोगों को अपने शहरों को छोड़ने के लिए मजबूर कर दिया हो। कुछ शहर 1,000 से अधिक वर्षों तक जीवित रहे। लगभग 1700 ईसा पूर्व, लोग धीरे-धीरे सुरक्षित और अधिक उपजाऊ स्थानों पर जाते गए।

500 ईसा पूर्व | 0 | 500 ईसवी | 1000 ईसवी | 1500 ईसवी | 2000 ईसवी

10 हड़प्पा और आगे की कलाएं

धातु मूर्तिकला

इस काल को काँस्य युग कहा जाता है। 5,000 साल पुरानी 'नर्तकी प्रतिमा' से हम जानते हैं कि इस सभ्यता के लोग धातु का खनन करना, उसका परिवहन करना, काँस्य (एक मिश्र धातु) बनाना और मूर्तियाँ बनाना जानते थे।

काँस्य नर्तकी प्रतिमा, मोहनजोदड़ो, पाकिस्तान

सज्जित बर्तन, लोथल, गुजरात

मिट्टी के बर्तन

सिद्धहस्त कुम्हार चाक पर मिट्टी के बर्तन बनाते थे। विभिन्न आकृतियों के बर्तनों से पता चलता है कि उनका उपयोग पानी या खाद्यान्न के भंडारण, खाना पकाने और खाने के लिए किया जाता था। हड़प्पा के मिट्टी के बर्तनों पर पौधों, पक्षियों और अमूर्त रूपों के डिज़ाइन, लाल सतह पर काले रंग से चित्रित हैं, जो उन्हें विशिष्ट बनाते हैं।

बुनाई

हड़प्पा स्थलों से तकली (स्पिंडल) और फिरकी (बॉबिन) जैसे बुनाई के उपकरण मिले हैं, जिनसे पता चलता है कि लोग 5,000 साल पहले कपड़े की कताई और बुनाई की कला जानते थे।

आभूषण

हड़प्पा के शिल्पी, मेसोपोटामिया और मिस्र के शिल्पियों की तरह, अपने समय से बहुत आगे थे। कई हड़प्पा शहरों में सोने, चांदी, रत्नों, सीपों और अन्य सामग्रियों से बने सुरुचिपूर्ण डिज़ाइन के आभूषण, चूड़ियाँ, हार इत्यादि पाए गए हैं।

मिट्टी का खिलौना, मोहनजोदड़ो, पाकिस्तान

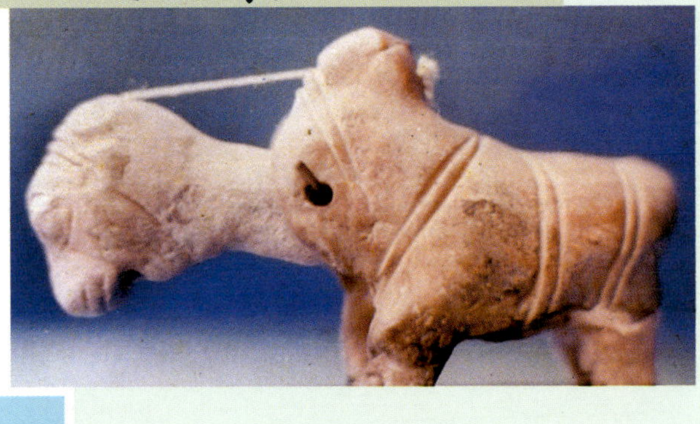

खिलौने

हड़प्पा सभ्यता के शहरों में मिट्टी के हज़ारों खिलौने मिले हैं। इन खिलौनों को खासतौर पर बच्चों के खेलने के लिए बनाया गया था। कुछ में हिलता-डुलता सिर है; कुछ छोटी खिलौना गाड़ियाँ हैं (पहिए वाले वाहन का सबसे पुराना उदाहरण), पक्षियों के आकार की सीटियाँ, अख़रोट खाती हुई गिलहरी, आटा गूंधती औरत, बच्चे को गोद में पकड़ी हुई औरत इत्यादि हैं, जो हड़प्पा वासियों द्वारा तैयार कई खिलौनों में से कुछ उदाहरण हैं।

1400-1000 ईसा पूर्व लोहे का आगमन, ब्लैक एंड रेड वेयर (कृष्ण-लोहित मृदभांड) और ग्रे वेयर (धूसर मृदभांड)

600-300 ईसा पूर्व एनबीपी वेयर (उत्तर भारतीय कृष्ण चिकना मृदभांड)

2500 ईसा पूर्व — 2000 ईसा पूर्व — 1500 ईसा पूर्व — 1000 ईसा पूर्व — 500 ईसा पूर्व

जैसे-जैसे हड़प्पा के नगरों का विकास हुआ, उनमें विभिन्न प्रकार के व्यवसाय उभरते गए। इन नगरों में पाई जाने वाली वस्तुओं से हम जान पाते हैं कि यहाँ के लोग मिट्टी के बर्तन, बुनाई, धातु के काम, खिलौने, मनके और ईंट बनाने जैसे विभिन्न शिल्पों में कुशल थे। वे इंजीनियरिंग और गणित के सिद्धांतों से भी अवगत थे।

बर्तन सब बताएँ

भारत भर में 2,000 साल पुराने मिट्टी के बर्तनों की खोज से पता चलता है कि हड़प्पा सभ्यता के बाद भी कृषक समुदाय गाँवों में रहते रहे। इनमें से कुछ समुदायों का नाम उनके मिट्टी के बर्तनों के नाम पर रखा गया है – ब्लैक ऑन रेड वेयर कल्चर-बीआरडब्ल्यू (1400-1000 ईसा पूर्व); पेंटेड ग्रे वेयर कल्चर – पीजीडब्ल्यू (1100-350 ईसा पूर्व) और नॉर्दर्न ब्लैक पॉलिश्ड वेयर कल्चर – एनबीपी (600-300 ईसा पूर्व)।

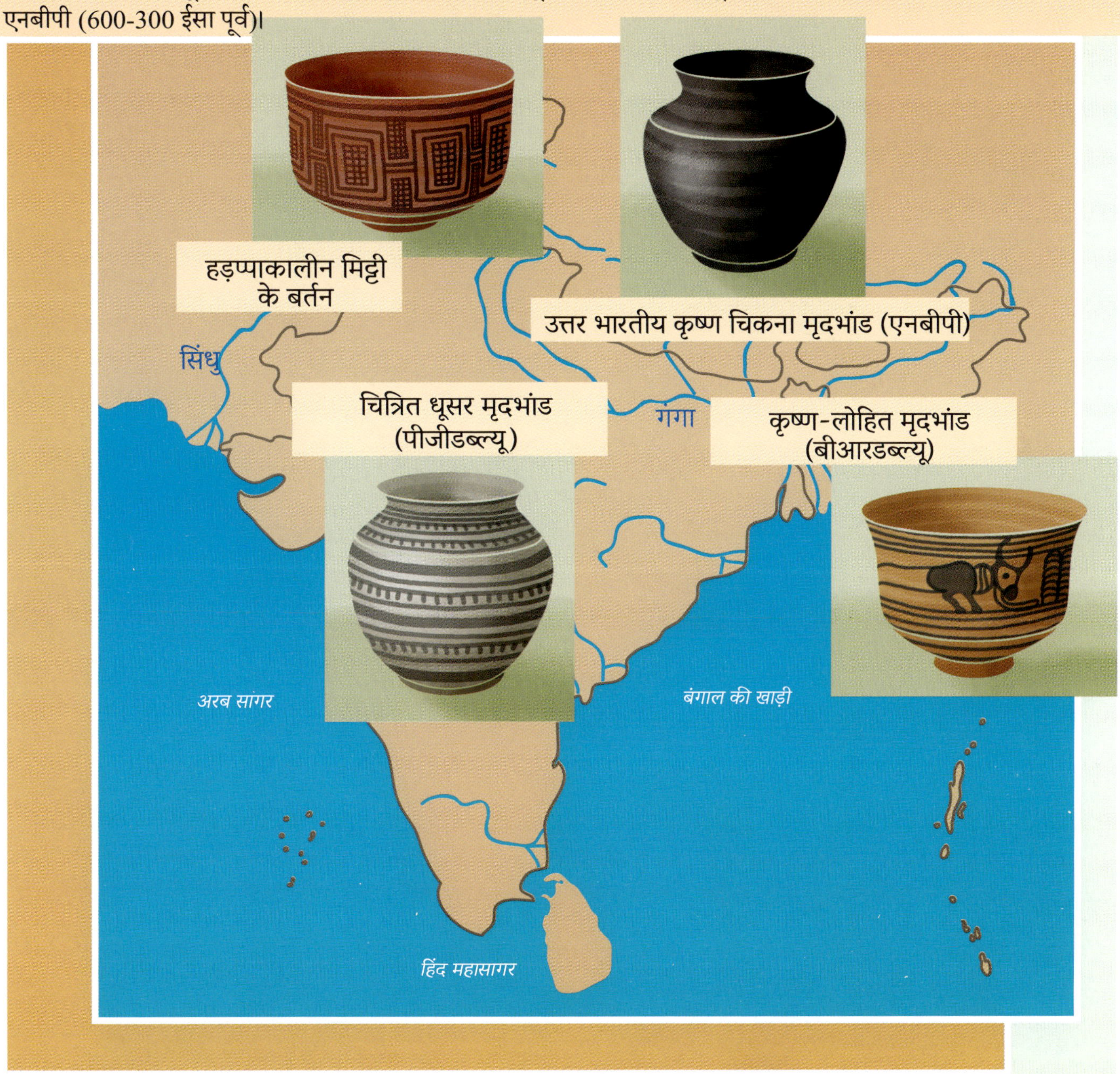

मिट्टी के बर्तनों को एक बार पकाने के बाद ये इतने लंबे समय तक टिकते हैं कि 4,000 साल बाद भी इनके निशान मिल जाते हैं!

500 ईसा पूर्व | 0 | 500 ईसवी | 1000 ईसवी | 1500 ईसवी | 2000 ईसवी

11 साहित्य वाचन-लेखन

साहित्य कला

भारत की दो प्रमुख साहित्यिक परंपराएँ हैं।

मौखिक परंपरा: कहानियाँ, कविताएँ, पहेलियाँ, तुकबंदियाँ जो बोली जाती हैं और याद रखी जाती हैं, लेकिन लिखी नहीं जाती हैं। यही कारण है कि मौखिक परंपराओं को संरक्षित करना बहुत मुश्किल है।

लिखित परंपरा: भारत में 22 राष्ट्रीय भाषाएँ और लगभग 1,652 बोलियाँ और क्षेत्रीय भाषाएँ हैं। प्रत्येक भाषा और बोली का अपना साहित्यिक इतिहास है जिसमें कविताएँ, उपन्यास और कहानियाँ, नाटक इत्यादि हैं।

मंत्रोच्चार करते पुजारी

कथाकथन

मनुष्य को कहानियाँ सुनाना हमेशा से पसंद रहा है, और दूर-दराज के देशों की कहानियाँ सुनना भी। इन कहानियों-क़िस्सों, लोक-कथाओं, कठपुतली, गीतों, कविताओं और तुकबंदियों के माध्यम से प्रारंभिक समुदायों ने ज्ञान को संरक्षित किया था और इसे अगली पीढ़ी को हस्तांतरित किया था। वेद – हमारे सबसे प्राचीन ग्रंथ – मंत्रों के रूप में रचे गए थे और कई सौ वर्षों के बाद ही लिखे गए थे।

पट्टचित्र, राजस्थान

राजस्थान के भोपा और पश्चिम बंगाल के पटुआ गाँव-गाँव यात्रा करते हुए चित्रित पट्टों, गीतों और कविताओं के माध्यम से कथाएँ सुनाते हैं।

ऋग्वेद

ऋग्वेद में 1,028 श्लोक हैं जो ग्राम्य अथवा पुरोहिताई समुदायों के जीवन का वर्णन करते हैं। ये समुदाय उत्तर-पश्चिमी क्षेत्रों को पार कर सप्त सिंधवा या सिंधु की सात नदियों और सहायक नदियों के क्षेत्र में रहने के लिए चले गए थे।

सामवेद

सामवेद संगीत का ग्रंथ है। यह संगीत का हमारा सबसे पुराना अभिलेख है और हमें बताता है कि ऋग्वेद का जाप कैसे किया जाता था।

यजुर्वेद

यजुर्वेद बलि प्रथाओं का ग्रंथ है। इसमें कई संस्कारों और अनुष्ठानों की विधियों का विस्तारपूर्वक वर्णन और उन संस्कार समारोहों पर बोले जाने वाले मंत्रों का वर्णन है।

अथर्ववेद

अथर्ववेद जादू-चमत्कारों का ग्रंथ है। इसमें रोगों और व्याधियों को दूर करने के लिए विशेष मंत्र हैं।

उपनिषद् और पुराण

उपनिषद् और पुराण भारतीय दर्शन और पौराणिक कथाओं के स्रोत हैं।

1500 ईसा पूर्व, ऋग्वेद, सबसे प्रारंभिक साहित्यिक ग्रंथ की रचना

1000-600 ईसा पूर्व, बाद के तीन वेदों की रचना की गई

850 ईसा पूर्व, महाभारत की पहली ज्ञात रचना

2500 ईसा पूर्व | 2000 ईसा पूर्व | 1500 ईसा पूर्व | 1000 ईसा पूर्व | 500 ईसा पूर्व

गंगा, सिंधु और कृष्णा, गोदावरी, पेन्नार और कावेरी जैसी अन्य नदियों के किनारे उपमहाद्वीप के विभिन्न हिस्सों में नई बस्तियों का विकास हुआ। एक नई धातु – लोहे की खोज – से खेती के लिए और भी उन्नत उपकरण बन सके, जिससे लोगों को रचनात्मक अभिव्यक्ति के लिए अधिक ख़ाली समय मिला, फलस्वरूप साहित्य की एक पूरी श्रृंखला पनपी।

महाभारत

महाभारत में 1,00,000 छंद हैं और यह दुनिया का दूसरा सबसे लंबा महाकाव्य है। महाकाव्य कई कथाओं और उप-कथाओं का संग्रह है। पांडव (पाँच भाई) अपनी साझा पत्नी द्रौपदी को जुएँ के खेल में हार जाते हैं, और अपने चचेरे भाइयों, सौ कौरवों के हाथ अपना राज्य खो बैठते हैं। उन्हें वनवास मिलता है, जहाँ कई घटनाएँ घटती हैं। पांडव कौरवों से अपना राज्य वापस पाने के लिए एक महान युद्ध (महाभारत) लड़ते हैं।

महाभारत का एक दृश्य

भीम कठपुतली, कथकली, केरल

रामायण

रामायण, संस्कृत में रचित एक और महान प्राचीन महाकाव्य है, जिसकी रचना महर्षि वाल्मीकि द्वारा की गई मानी जाती है। इस महाकाव्य में 1,00,000 से अधिक पंक्तियाँ हैं, जिनमें राजकुमार राम, उनकी पत्नी सीता और उनके भाई लक्ष्मण की, और उनके द्वारा वनवास में बिताए गए वर्षों की कहानी है। उनके वनवास के दौरान, लंका के राजा रावण ने सीता का अपहरण कर लिया था। एक भयंकर युद्ध के बाद, राम ने रावण का वध कर सीता को बचाया और विजयी होकर अपने राज्य लौटे। रावण की हार को दशहरा के रूप में मनाया जाता है, जबकि दीवाली का त्यौहार राम की घर वापसी के उल्लास का प्रतीक है। रामायण पूरे भारत में प्रचलित एक लोकप्रिय कथा है। इसे नृत्य, रंगमंच, कठपुतली प्रदर्शनों, चित्रकथाओं और टेलीविजन के माध्यम से दर्शाया जाता है। रामकथा के कई संस्करण हैं, क्योंकि यह थाईलैंड, कंबोडिया और जावा जैसी विदेशी भूमि में भी प्रचलित है, वहाँ भी इसने मंदिरों के निर्माण, नृत्य रूपों और कठपुतली कला को प्रभावित किया है।

रामायण के उत्कीर्णन वाला फ़लक, कैलाश मंदिर, एलोरा, महाराष्ट्र

रावण कठपुतली, पश्चिम बंगाल

100 ईसा पूर्व-100 ईसवी, भगवद गीता की रचना हुई

500 ईसा पूर्व | 0 | 500 ईसवी | 1000 ईसवी | 1500 ईसवी | 2000 ईसवी

12 बुद्ध कथा

सारनाथ मूर्तिकला

सारनाथ की मूर्ति देखें और बुद्ध की जीवनगाथा को क्रमानुसार जानें।

1

शाक्य कुल के राजा की महामाया नामक सुंदर पत्नी थी, जिसने एक रात स्वप्न में एक सफ़ेद हाथी देखा, जो शुभ माना जाता था। ज्योतिषियों ने भविष्यवाणी की कि महामाया का एक पुत्र होगा जो मानव जाति का उद्धार करेगा: वह या तो एक महान संन्यासी होगा या एक महान राजा।

2

अपने मायके जाते हुए महामाया प्रसवपीड़ा के कारण लुम्बिनी (नेपाल) के एक उपवन में रुकीं और एक बालक को जन्म दिया, जिसका नाम सिद्धार्थ रखा गया।

3

सिद्धार्थ कपिलवस्तु (नेपाल) के महल में पले-बढ़े। एक दिन उन्होंने रास्ते में एक वृद्ध व्यक्ति, एक रोगी व्यक्ति, एक शवयात्रा, और एक साधु को देखा। उन्होंने सोचा कि जीवन में इतने कष्ट क्यों हैं और लोगों को सुख कैसे मिल सकता है।

4

इन घटनाओं से विचलित होकर, सिद्धार्थ ने तुरंत अपना महल छोड़ने का फैसला किया, और अपने घोड़े, कंथक पर सवार होकर निकल गए।

5

उन्होंने अपना सिर मुँडवाया, सादे कपड़े पहने, और संतों ज्ञानियों से मिलते हुए और जीवन के अर्थ पर चर्चा करते हुए देशाटन करने लगे।

6

सिद्धार्थ 40 दिनों और रातों तक लगातार ध्यान करते रहे और उन्होंने निर्वाण या बुध (ज्ञान) प्राप्त किया। उस समय से उन्हें बुद्ध कहा जाने लगा, जिस पीपल के पेड़ के नीचे उन्होंने ध्यान लगाया था, उसे बोधि वृक्ष कहा गया और गया को बोधगया (बिहार) कहा जाने लगा।

7

बुद्ध के शिष्यों ने उन्हें सारनाथ (उत्तर प्रदेश) जाने के लिए राजी किया। मृग विहार में उन्होंने अपना पहला सार्वजनिक उपदेश दिया। उन्होंने भिक्षुओं के लिए संघ (बौद्ध व्यवस्था) भी स्थापित किया।

लगभग 80 वर्ष की आयु में, कुशीनगर में बुद्ध का निधन (महापरिनिर्वाण) हुआ।

566-486 ईसा पूर्व, बुद्ध का जीवनकाल

2500 ईसा पूर्व | 2000 ईसा पूर्व | 1500 ईसा पूर्व | 1000 ईसा पूर्व | 500 ईसा पूर्व

भारत के महानतम उपदेशकों में से एक गौतम बुद्ध 2,500 साल पहले हुए थे। एक राजपरिवार में जन्मे, सिद्धार्थ गौतम ने विलासिता के जीवन को त्याग दिया था और बुद्ध (जिसे आत्मबोध हो गया हो) बन कर निर्वाण प्राप्त किया था। बुद्ध के विभिन्न अवतारों की कथाओं को 'जातक कथा' कहा जाता है।

महाकपि जातक

भरहुत (मध्य प्रदेश) के एक स्तूप में बने और अब कोलकाता स्थित भारतीय संग्रहालय में रखे, महाकपि मूर्ति शिल्प को देखें। यह एक जातक कथा को दर्शाता है, जिसमें बुद्ध एक दयालु उपदेशक हैं।

1

महान वानर राजा (महाकपि) और उसके कुल के 80,000 वानर गंगा नदी के पास रहते थे।

2

एक दिन वाराणसी का राजा अपनी सेना के साथ वानरों को पकड़ने गया।

3

महाकपि ने ख़तरे को भाँप लिया और अपने शरीर को एक पुल के रूप में नदी पर फैला दिया ताकि उसका कुल बच सके।

4

उनमें से एक वानर, महाकपि से नफ़रत करता था। उसने महाकपि पर जोर से कूद कर उन्हें मारने की कोशिश की।

5

वाराणसी का राजा, महाकपि के बलिदान भाव से इतना प्रभावित हुआ कि उसने क्षमा मांगी और बुद्ध का निष्ठावान शिष्य बन गया।

100 ईसवी, जातक कथाओं की रचना।

500 ईसा पूर्व | 0 | 500 ईसवी | 1000 ईसवी | 1500 ईसवी | 2000 ईसवी

13 स्तूपों की प्रतीकात्मकता

हरमिका
एक सीढ़ीदार छत्र होता है, जो स्वर्ग की सीढ़ियों का प्रतीक है। छत्र-छाया का भी प्रतीक है जो महान उपदेशकों को प्रदान की जाती है, और बोधि वृक्ष का भी प्रतिनिधित्व करती है जिसके नीचे बैठकर बुद्ध ने निर्वाण प्राप्त किया था।

अंडा
टीले का गोलार्द्ध आकार। यह एक संस्कृत शब्द है, अंडा आध्यात्मिक जन्म का प्रतीक है।

साँची स्तूप नंबर 3, साँची, म.प्र.

तोरणों के साथ वेदिका
लकड़ी के पुराने स्तूपों की तरह, स्तूप के चारों ओर भव्य प्रवेश द्वार (तोरण) वाला जंगला लगाया गया था। प्रवेश द्वार मुख्य दिशाओं में बने होते हैं, ताकि आप उनसे प्रवेश कर स्तूप की प्रदक्षिणा करें (1 बार, 3 बार, या 7 बार), और इस तरह कि आपका दाहिना कंधा पवित्र संरचना की ओर हो।

साँची स्तूप

मध्य प्रदेश में स्थित साँची, एक महत्त्वपूर्ण व्यापार मार्ग पर स्थित एक पहाड़ की चोटी पर बनाया गया था। कई लोगों का मानना है कि सम्राट अशोक (273-232 ईसा पूर्व) ने साँची स्तूप नंबर 1 को ईंट से बनवाया था। बाद में टीले को पत्थर से ढँक दिया गया। दूसरी शताब्दी ईसा पूर्व से, 1,000 से अधिक वर्षों तक, साँची एक जीवंत बौद्ध केंद्र रहा, जहाँ कई स्तूप और मठ थे।

स्तंभ कथाएँ

साँची के महान तोरणों पर जातक कथाएँ ख़ूबसूरती से उत्कीर्ण की गई हैं। जब कोई श्रद्धालु प्रदक्षिणा करता है, तो वह बुद्ध के जीवन की कथाएँ जान सकता है और उनसे सीख सकता है।

तोरण या प्रवेश द्वार नंबर 1, साँची स्तूप, साँची, म.प्र.

विश्व विरासत स्थल

प्रार्थना करते बौद्ध भिक्षु

2500 ईसा पूर्व | 2000 ईसा पूर्व | 1500 ईसा पूर्व | 1000 ईसा पूर्व | 500 ईसा पूर्व

बुद्ध की मृत्यु के बाद, उनके अवशेष बौद्ध अनुयायियों के बीच वितरित किए गए थे। इन अवशेषों को पत्थर के ताबूत में रखा गया था, और मिट्टी के टीले के अंदर दफनाया गया था। समय के साथ, मिट्टी के टीले बड़े बनने लगे, और उन्हें पत्थर से ढँका जाने लगा, उन्हें स्तूप कहा गया – जो एक महत्त्वपूर्ण बौद्ध पूजा स्थल होते हैं।

स्तूप

बुद्ध या प्रसिद्ध बौद्ध भिक्षुओं के अवशेषों पर बनाए गए स्तूप उन देशों में हैं, जहाँ बुद्ध के उपदेशों का प्रचार हुआ था।

बोधि वृक्ष की पूजा, साँची, म.प्र.

स्तूप के अन्य नाम

भूटान	***चोर्टेन***
बर्मा	***पैगोडा***
कंबोडिया	***चैत्य***
भारत	***स्तूप*** (लद्दाख़ को छोड़कर जहाँ इसे ***चोर्टेन*** के नाम से जाना जाता है)
इंडोनेशिया	***कैंडी***
जापान	***तो*** (अर्थात 'मीनार')
नेपाल	***चैत्य***
श्रीलंका	***दगोबा/चैतिया***
थाईलैंड	***चेदि***
तिब्बत	***चोर्टेन***

त्यौहार

बुद्ध जयंती मई महीने की पूर्णिमा को मनाई जाती है। श्रीलंका में प्रत्येक पूर्णिमा को छुट्टी होती है और बोधि वृक्ष को सजाया जाता है। दुनिया भर से हज़ारों बौद्ध धर्मावलंबी बुद्ध से जुड़े स्थानों, जैसे बोधगया, में आते हैं। भारत में प्रसिद्ध जीवित बौद्ध मठ लद्दाख़ में हेमिस, सिक्किम में रुमटेक और धर्मशाला, हिमाचल प्रदेश में नामग्याल हैं।

272-232 ईसा पूर्व, अशोक का शासनकाल
240 ईसा पूर्व, बौद्ध धर्म श्रीलंका पहुँचा
पहली शताब्दी ईसवी, बौद्ध धर्म थाईलैंड, बर्मा, चीन में फैला

500 ईसा पूर्व | 0 | 500 ईसवी | 1000 ईसवी | 1500 ईसवी | 2000 ईसवी

14 बुद्ध की छवियाँ

दुनिया भर में बुद्ध

जैसे-जैसे बौद्ध धर्म दुनिया भर में पहुँचा (भारत से अफ़ग़ानिस्तान, नेपाल, तिब्बत, श्रीलंका, थाईलैंड, कंबोडिया, चीन और जापान तक), हम देख सकते हैं कि प्रत्येक क्षेत्र में बुद्ध की छवि कैसे बदलती रही।

बुद्ध छवि, सारनाथ, उत्तर प्रदेश, भारत

बुद्ध छवि, मथुरा, उत्तर प्रदेश, भारत

बुद्ध छवि, जापान

बुद्ध छवि, श्रीलंका

बुद्ध छवि, बर्मा

हीनयान

इस परंपरा में बुद्ध की उपस्थिति को बोधि वृक्ष, न्याय चक्र, स्तूप, उनके पैरों के निशान और रिक्त गद्दी जैसे प्रतीकों द्वारा दर्शाया जाता है।

महायान

बौद्ध धर्म की इस परंपरा में, प्रार्थना कक्ष में लगे बुद्ध के चित्र की पूजा की जाती है।

2500 ईसा पूर्व 2000 ईसा पूर्व 1500 ईसा पूर्व 1000 ईसा पूर्व 500 ईसा पूर्व

राजा-महाराजा, सामंत, विदेशी भूमि से आए आगंतुक और सामान्य जनता, सभी बुद्ध के महान उपदेशों से प्रभावित होते थे। उनके उपदेश और शिक्षा आज भी दुनिया भर में व्यापक रूप से स्वीकार्य हैं।

बुद्ध का आष्टांगिक मार्ग

1. सम्यक दृष्टि
2. सम्यक संकल्प
3. सम्यक वाणी
4. सम्यक कर्म
5. सम्यक आजीविका
6. सम्यक प्रयास
7. सम्यक स्मृति
8. सम्यक समाधि

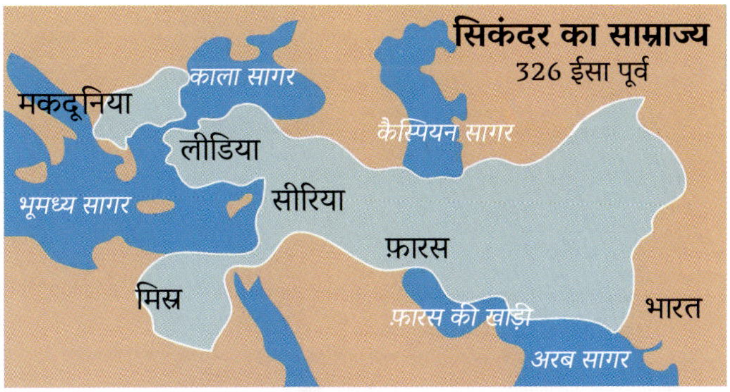

बुद्ध छवि, तिब्बत

सिकंदर महान

सिकंदर महान

सिकंदर मात्र उन्नीस वर्ष की उम्र में राजा बन गया था और वह हमेशा पूरी दुनिया पर शासन करने का सपना देखता था। उसके समय में सबसे शक्तिशाली राज्य फ़ारस था। सिकंदर ने अपनी सेना के साथ ग्रीस (यूनान) के मकदूनिया से यात्रा शुरू की और 331 ईसा पूर्व में फ़ारसियों को हराया।

सिकंदर ने तब भारत की महानता और वैभव के बारे में सुना और 326 ईसा पूर्व में उत्तर-पश्चिमी क्षेत्र से भारत में प्रवेश किया, और एक बहादुर राजा पोरस को हराया। जल्द ही उसकी सेना घर वापसी के लिए उतावली होने लगी और अपने देश की ओर लौटने लगी। रास्ते में सिकंदर की मृत्यु हो गई।

यद्यपि सिकंदर की मृत्यु 32 वर्ष की छोटी उम्र में हो गई थी, फिर भी उसे इस बात का श्रेय जाता है कि उसके कारण 2,000 वर्ष पहले भारत ग्रीस के संपर्क में आया। इससे विचारों का आदान-प्रदान हुआ, ग्रीस के कुछ प्रशासक और व्यापारी गांधार (अफ़ग़ानिस्तान और पाकिस्तान के कुछ हिस्सों) नामक क्षेत्र में बस गए और भारत के कलाकारों और विचारकों से मिले। स्थानीय कलात्मक परंपराएँ और शैलियाँ ग्रीस के इन आगंतुकों से प्रभावित हुईं।

बुद्ध छवि, गांधार क्षेत्र, वर्तमान पाकिस्तान और अफ़ग़ानिस्तान

327-325 ईसा पूर्व, सिकंदर का आक्रमण
190 ईसा पूर्व, उत्तर-पश्चिम में ग्रीक बस्तियाँ
320 ईसवी, गुप्त वंश का उदय
552 ईसवी, बौद्ध धर्म जापान पहुँचा
641 ईसवी, बौद्ध धर्म तिब्बत पहुँचा

500 ईसा पूर्व | 0 | 500 ईसवी | 1000 ईसवी | 1500 ईसवी | 2000 ईसवी

15 महावीर के पदचिह्नों पर

महावीर की जीवनगाथा

महावीर जैन का जन्म एक राजपरिवार में हुआ था, और बुद्ध की तरह उन्होंने भी अहिंसा का प्रचार करने के लिए अपने घर और भौतिक संसार को त्याग दिया था। उनकी मूर्तियों में उन्हें गहरे ध्यान में मग्न, खड़े या बैठे हुए दर्शाया जाता है।

महावीर के जन्म को दर्शाता जैन चित्र

उपदेश

महावीर ने शांति का संदेश दिया और समझाया कि अहिंसा ही वह मार्ग है जो हमें जन्म और मृत्यु के अंतहीन चक्र से मुक्त करेगा।

बाहुबली गोमतेश्वर की मूर्ति, श्रवणबेलगोला, कर्नाटक

तीर्थंकरों को नमन

कर्नाटक में श्रवणबेलगोला में पत्थर की एक अखंड शिला से बनी 17.7 मीटर ऊँची एक विशाल मूर्ति है। यह मूर्ति विश्व की सबसे बड़ी मूर्तियों में से एक है और प्रथम तीर्थंकर के पुत्र बाहुबली की है। कहा जाता है कि बाहुबली ने अपना राज्य छोड़ दिया था और पूरे एक साल बिना हिले-डुले ध्यानमग्न खड़े रहे थे। मूर्तिकला से पता चलता है कि कैसे इस सौम्य, शांत संन्यासी के आसपास लताएँ और पौधे उग आए थे और उनके शरीर पर लिपटे हुए थे।

असहायों की सहायता

जैन धर्म अहिंसा का पाठ सिखाता है। जैन तीर्थंकर हमें मनुष्यों, जानवरों, पक्षियों और यहाँ तक कि कीड़ों के प्रति भी दयाभाव रखना और उन्हें नुकसान न पहुँचाना सिखाते हैं। दिल्ली में जैन समुदाय द्वारा स्थापित एक प्रसिद्ध पक्षी अस्पताल है, जहाँ घायल पक्षियों का उपचार किया जाता है।

त्यौहार

भारत में हर साल महावीर के जन्मदिन पर महावीर जयंती मनाई जाती है।
हर बारह साल में श्रवणबेलगोला में एक विशेष उत्सव का आयोजन किया जाता है और बाहुबली की विशाल मूर्ति को दूध और शहद से नहलाया जाता है।

540 ईसा पूर्व, महावीर का जन्म

2500 ईसा पूर्व — 2000 ईसा पूर्व — 1500 ईसा पूर्व — 1000 ईसा पूर्व — 500 ईसा पूर्व

जैन धर्म में 24 तीर्थंकर या महान उपदेशक हुए, उनमें से सभी के उदाहरणों से हम सीख सकते हैं कि किसी के भी प्रति हिंसा किए बिना एक अच्छा जीवन कैसे व्यतीत किया जा सकता है। ऐसे ही एक संत महावीर थे।

जैन मंदिर

जैन मंदिर हिंदू मंदिर के समान होते हैं। भारत में प्रत्येक क्षेत्र और प्रांत की अपनी शैली है। गर्भगृह में तीर्थंकर प्रतिमा (मुख्य छवि) खड़ी या बैठी स्थिति में बनी होती है। मंदिर के सामने एक कक्ष या मंडप होता है जहाँ श्रद्धालु पूजा करते हैं। मंदिर की बाहरी दीवार पर तीर्थंकरों की छवियों के साथ कई प्रकार की नक्काशियाँ उत्कीर्ण होती हैं।

जैन मंदिर परिसर, राजस्थान

माउंट आबू, राजस्थान

जब 10वीं शताब्दी में खजुराहो, भुवनेश्वर और तंजावुर जैसे शहरों में विशाल मंदिरों का निर्माण किया जा रहा था, तब गुजरात के सोलंकी राजाओं और धनवान जैन व्यापारियों ने एक पहाड़ की चोटी, माउंट आबू पर शानदार जैन मंदिरों का एक समूह बनवाया। इन मंदिरों में से सबसे प्रसिद्ध दिलवाड़ा मंदिर है। बाहर से मंदिर सादा दिखता है, लेकिन इसके अंदर संगमरमर के हर इंच पर बेहतरीन नक़्क़ाशी की गई है, जिनमें नर्तकियों, संगीतकारों, घोड़ों और हाथियों के नक़्क़ाशीदार पैनल शामिल हैं। माउंट आबू के मंदिरों के लिए संगमरमर कई मील दूर से लाया गया था, और जैन मंदिरों के अनुकूल शांत, श्वेत परिवेश बनाने हेतु इसे खड़ी पहाड़ी पर ऊपर पहुँचाया गया था।

जैन मंदिर की संगमरमर की नक़्क़ाशीदार छत, रणकपुर, राजस्थान

एक जैन मंदिर की संगमरमर की आतंरिक सज्जा

एक जैन मंदिर के नक़्क़ाशीदार स्तंभ, माउंट आबू, राजस्थान

10वीं शताब्दी ईसवी, गोमतेश्वर प्रतिमा, श्रवणबेलगोला
1032 ईसवी, पहला दिलवाड़ा मंदिर, माउंट आबू

500 ईसा पूर्व | 0 | 500 ईसवी | 1000 ईसवी | 1500 ईसवी | 2000 ईसवी

16 राज्यों का निर्माण

राज्य अथवा साम्राज्य क्या होते हैं ?

राजनीतिक सत्ता – एक राजा, सैन्य और प्रशासनिक व्यवस्था के साथ

कई अलग-अलग प्रकार के जन समूहों का जमावड़ा

कई प्रकार के प्राकृतिक संसाधन

शहरी केंद्र जहाँ शिल्प विकसित हों

गाँव जो खाद्यान्न का उत्पादन करें

सम्राट अशोक

अशोक, चंद्रगुप्त का पौत्र था, उसने अपने शासन के नियमों और आदेशों को लोगों तक पहुँचाने के लिए एक सरल तरीक़ा इस्तेमाल किया था। उसके राज्य में, हर स्थान पर स्तंभों और चट्टानों पर पाली भाषा में (संस्कृत का एक सरल रूप, जो ब्राह्मी लिपि में लिखी जाती थी) आसानी से समझ आने वाले संदेश उत्कीर्ण किए जाते थे।

ब्राह्मी लिपि में अशोक का शिलालेख

मौर्य साम्राज्य

चंद्रगुप्त मौर्य एक साधारण परिवार से था। उसने एक बार एक माँ को अपने बच्चे को डाँटते हुए सुना, "थाली के बीच से खाना मत खाओ, वहाँ खाना गर्म होगा और तुम्हारी जीभ जल जाएगी। थाली के किनारे से खाओ, जहाँ खाना थोड़ा कम गर्म होता है।" चंद्रगुप्त ने इस सलाह का उपयोग अपने लिए करते हुए, तत्कालीन पाटलिपुत्र (वर्तमान पटना) पर क़ब्ज़ा करने के लिए पहले उसके आसपास के कम संरक्षित गाँवों और क़स्बों पर क़ब्ज़ा किया। इसके बाद चंद्रगुप्त मौर्य ने एक बड़े साम्राज्य का गठन किया और पाटलिपुत्र को अपनी राजधानी बनाया।

चंद्रगुप्त ने अपने चतुर मित्र और मंत्री चाणक्य (अर्थशास्त्र के लेखक) के सहयोग से, राज्य के सुसंचालन के तरीक़े विकसित किए, जैसे करों के भुगतान के नियम, सुव्यवस्थित प्रशासनिक प्रणाली, सेना और नागरिकों को सुखी और सुरक्षित रखने के तरीक़े।

अशोक के एक लघु शिलालेख का अनुवाद

"माता-पिता की आज्ञा का पालन करो, शिक्षकों की आज्ञा का पालन करो, जीवों पर दया करो, सत्य का प्रचार करो। धम्म की इन नीतियों का पालन करना चाहिए।"

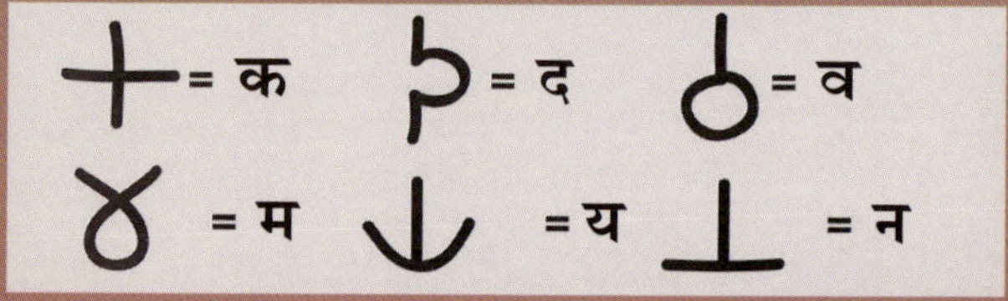

अशोक के शिलालेख ब्राह्मी लिपि में हैं, जो अधिकांश भारतीय लिपियों का पूर्वरूप है।

600 ईसा पूर्व, उत्तर भारत में नगरों का विकास हुआ; सिक्के के चलन की शुरुआत

2500 ईसा पूर्व | 2000 ईसा पूर्व | 1500 ईसा पूर्व | 1000 ईसा पूर्व | 500 ईसा पूर्व

सदी दर सदी, उपजाऊ नदी घाटियों के किनारे बनी बस्तियाँ ग्राम (गांव) और क़स्बों ('पुर' – जैसे हस्तिनापुर) में विकसित होती गईं। 600 ईसा पूर्व तक, लगभग बुद्ध और महावीर के काल के आसपास, राज्यों को जनपदों और महाजनपदों जैसे क्षेत्रों में विभाजित किया जाने लगा था।

टेराकोटा मूर्तिकला, बिहार

मौर्यकालीन सिक्के

भारतीय राष्ट्रीय ध्वज

अशोक स्तंभ, सारनाथ

प्रसिद्ध स्थलों पर पवित्र बौद्ध प्रतीकों और छवियों को बलुआ पत्थर के विशाल स्तंभों पर उत्कीर्ण किया गया था। 1947 में स्वतंत्रता के बाद, सारनाथ में स्थित तीसरी शताब्दी ईसा पूर्व के अशोक कालीन स्तंभ शीर्ष, जिस पर सिंह बने थे, को भारतीय गणराज्य के प्रतीक के रूप में अपनाया गया था। इस स्तंभ शीर्ष पर चार दिशाओं – उत्तर, दक्षिण, पूर्व और पश्चिम की रक्षा करते चार सिंह मुख बने हैं। इसके नीचे बनी पट्टी पर, चार धर्मचक्र बने हैं। इन चक्रों को विभाजित करते एक बैल (भक्ति का प्रतीक), एक हाथी (बल का प्रतीक), एक सिंह (सत्ता/ शक्ति का प्रतीक) और एक घोड़ा (वेग का प्रतीक) बने हुए हैं।

अशोक स्तंभ, मौर्य वंश, सारनाथ, उ.प्र.

321-185 ईसा पूर्व, मौर्य साम्राज्य

500 ईसा पूर्व | 0 | 500 ईसवी | 1000 ईसवी | 1500 ईसवी | 2000 ईसवी

17 अजंता की खोज

दूसरी शताब्दी ईसा पूर्व में, वास्तुशिल्प में एक असाधारण नवाचार देखा गया। ठोस चट्टानों को काटकर उन्हें इमारत का रूप दिया गया। चट्टान के मुख पर पहले दरवाज़ा बनाया गया, फिर पहाड़ के अंदर गृह और कक्ष बनाए गए। पश्चिमी घाट की कठोर और काली आग्नेय चट्टानें शैलकर्तित वास्तुकला और अजंता में दिखाई देने वाली जटिल नक़्क़ाशी के लिए सबसे उपयुक्त थीं।

अजंता तीन कारणों से एक विश्व विरासत स्थल है: इसकी बौद्ध शैलकर्तित वास्तुकला, इसकी मूर्तिकला और इसके भित्तिचित्र।

चैत्य गृह का अग्रभाग, अजंता गुफाएँ, महाराष्ट्र

लकड़ी से पत्थर तक

अजंता के चैत्य गृह में, नक़्क़ाशीदार स्तूप के सामने बुद्ध की बैठी हुई अवस्था में एक बड़ी प्रतिमा है।

गृह में लकड़ी की इमारत जैसी सभी विशेषताएँ हैं, जैसे छत पर बीम। हालाँकि शैलकर्तित निर्माण में बीम का कोई प्रयोजन नहीं है क्योंकि उन्हें इमारत का भार नहीं वहन करना है। इन विशेषताओं से हमें यह पता चलता है कि लकड़ी की संरचनाएँ कैसे बनाई जाती थीं और ये पुरानी इमारतें कैसी दिखती थीं, क्योंकि आज इनमें से किसी का भी अस्तित्व नहीं बचा है।

लकड़ी की इमारत के आधार पर पुनर्निर्माण

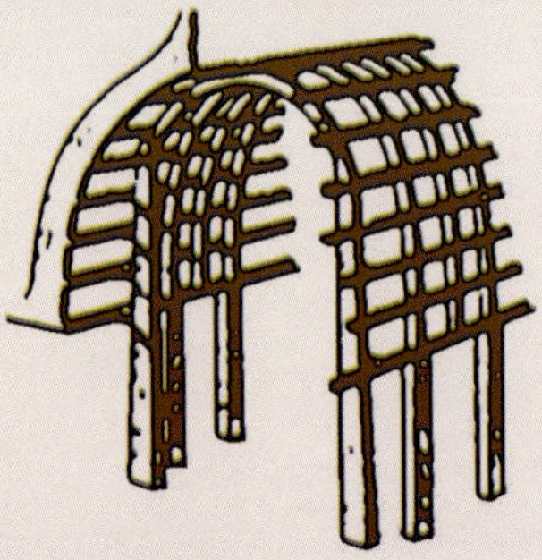

बैठी बुद्ध प्रतिमा, चैत्य गृह, अजंता गुफाएँ, महाराष्ट्र

2500 ईसा पूर्व | 2000 ईसा पूर्व | 1500 ईसा पूर्व | 1000 ईसा पूर्व | 500 ईसा पूर्व

फ़रवरी 1824 में, एक अंग्रेज़ सैन्य अधिकारी जेम्स अलेक्जेंडर पश्चिमी घाट में शिकार कर रहा था, जब उसने स्थानीय लोगों से औरंगाबाद के पास स्थित अजंता की गुफाओं के बारे में सुना। उसके बाद उसने वहाँ जो देखा, उन चमत्कारों की जानकारी पश्चिमी दुनिया को उसके माध्यम से ही मिली।

अजंता गुफाओं का बाहरी दृश्य, महाराष्ट्र

विश्व विरासत स्थल

अजंता का घोड़े की नालनुमा आकार

यहाँ दूसरी शताब्दी ईसा पूर्व में काम शुरू हुआ था और घोड़े की नाल के आकार की प्राकृतिक चट्टान पर 800 वर्षों तक चलता रहा, जो वाघोरा नदी के ऊपर स्थित थी। पहाड़ को काटकर भिक्षुओं के लिए शांतिपूर्ण और एकांत वातावरण में रहने और प्रार्थना करने के लिए कई चैत्य (प्रार्थना कक्ष, जिसके अंदर स्तूप हो) और विहार (सामूहिक निवास कक्ष) बनाए गए थे।

अजंता की चित्रकला

अजंता की चित्रकला विश्व प्रसिद्ध हैं। उन्हें दक्खिन के पठार की आग्नेय चट्टानों से मिलने वाले प्राकृतिक रंगों से चित्रित किया गया है: कोयले के चूरे से काला, चूने से सफ़ेद, प्राकृतिक चट्टानों और खनिजों से गेरुआ और लाल। ये रंग चट्टान की सतह पर शुष्क पलस्तर परत पर लगाए गए थे।

बोधिसत्व, गुफा संख्या 1, अजंता गुफाएँ, महाराष्ट्र

अपनी पत्नी यशोधरा और पुत्र राहुल के सामने भिक्षु रूप में खड़े बुद्ध, गुफा संख्या 17, अजंता गुफाएँ, महाराष्ट्र

दुर्भाग्य से, यहाँ आने वाले लोगों की साँसों से यहाँ नमी/आर्द्रता बढ़ती है, जिसके कारण भित्तिचित्रों का पलस्तर झड़ रहा है। क्या आपको लगता है कि अजंता में आने वालों की संख्या सीमित होनी चाहिए?

दूसरी शताब्दी ईसा पूर्व -5 वीं शताब्दी ईसवी, अजंता गुफाएँ, औरंगाबाद के पास स्थित

500 ईसा पूर्व | 0 | 500 ईसवी | 1000 ईसवी | 1500 ईसवी | 2000 ईसवी

18 दूर से आए सौदागर

भारत का यहूदी समुदाय

भारत में यहूदी धर्म का प्रचलन कुछ यहूदी समुदायों द्वारा शुरू किया गया था, जो कई सौ साल पहले पश्चिम एशिया से भारत आए थे। इनमें से कुछ इस प्रकार हैं:

बेने इज़राइल यहूदी

कोचीन यहूदी

बग़दादी यहूदी

बनेई मेनाशे यहूदी जो मिज़ोरम में रहते हैं

दुर्भाग्य से, आज भारत में 17,000 से भी कम यहूदी हैं। समुदाय के अधिकांश लोग इज़राइल और दुनिया के अन्य हिस्सों में जाकर बस गए हैं।

हिब्रू बाइबिल

यहूदियों की सबसे महत्त्वपूर्ण किताब टोरा है, जो हिब्रू भाषा में है। टोरा में इस बात का उल्लेख है कि ईश्वर ने ब्रह्मांड और उसके सभी प्राणियों का निर्माण कैसे किया है। इसमें उन महान पैग़म्बरों की कहानी भी है जिन्होंने लोगों को शांति और ईमानदारी से जीवन जीने का रास्ता दिखाया है।

मूसा

मूसा यहूदियों के नबी थे। प्राचीन मिस्र के फैरो (शासक) बहुत क्रूर थे। उनमें से एक ने मिस्र में रहने वाले यहूदी लोगों के सभी बालकों को मारने का आदेश दिया। एक परिवार ने अपने बच्चे को एक टोकरी में रख कर नदी में बहा दिया। वह टोकरी फैरो की बेटी को मिली, उसने उस बच्चे को पाला, जो बड़ा होकर बुद्धिमान मूसा बना। मूसा ने यहूदी लोगों को मुक्त किया और वे मिस्र से वापस इज़राइल जा पाए। हिब्रू बाइबिल की पहली पाँच पुस्तकों को 'मूसा की पाँच पुस्तकें' या टोरा कहा जाता है।

विशेष दिन

सबथ या शनिवार आराम का दिन है, इस दिन कोई काम नहीं किया जाता है।

रोश हशनाह नया साल है या सृजन का उत्सव है, या सृष्टि की उत्पत्ति का दिन है!

उपदेश

सीनाई पर्वत (मिस्र) पर मूसा को दस धर्मादेशों के रूप में परमेश्वर से टोरा (विधान) मिला था:

1. मैं ईश्वर हूँ
2. मूर्ति पूजा न करें
3. ईश्वर का नाम व्यर्थ न लें
4. सबथ के दिन को मानें
5. अपने माता-पिता का सम्मान करें
6. हत्या न करें
7. व्यभिचार न करें
8. चोरी न करें
9. झूठी गवाही न दें
10. ईर्ष्या न करें

दस धर्मादेश देते हुए मूसा

2500 ईसा पूर्व | 2000 ईसा पूर्व | 1500 ईसा पूर्व | 1000 ईसा पूर्व | 500 ईसा पूर्व

भारत में सबसे पहले ज्ञात यहूदी निवासी काली मिर्च जैसे मसालों का व्यापार करने के लिए यहाँ आए थे। उनका एक छोटा समूह पहली शताब्दी ईसवी में केरल में बस गया था।

केनेसेथ एलियाहू सिनेगॉग, मुंबई, महाराष्ट्र

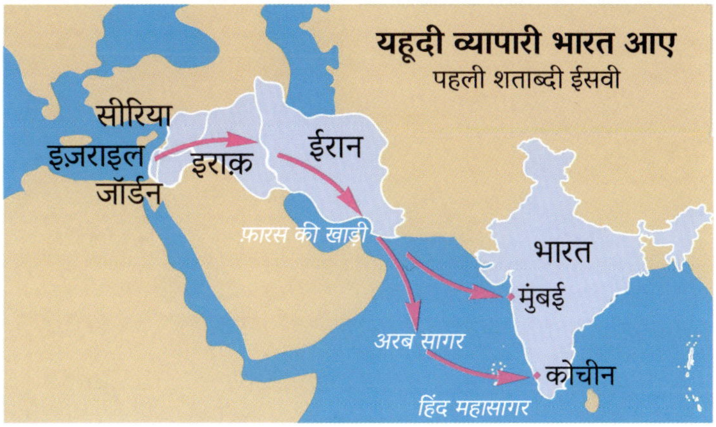

सिनेगॉग का आंतरिक भाग, कोचीन, केरल

सिनेगॉग

यहूदी धर्म के अनुयायी एक 'सिनेगॉग' में पूजा करते हैं, जिसका अर्थ है सभा स्थल। यहूदी लोगों ने व्यापार के लिए जहाँ की भी यात्रा की, वहाँ यहूदी सिनेगॉग बनवाए।

केरल के कोचीन में स्थित सिनेगॉग, भारत का सबसे पुराना बचा हुआ सिनेगॉग है। इसका निर्माण 1568 में हुआ था और कई बार इसका पुनर्निर्माण किया गया, यह पुराने समय के यरूशलेम में बनी पत्थर की सड़कों जैसी एक सड़क के किनारे स्थित है। सिनेगॉग में **निरंतर जलने वाला दीपक**, एक स्थाई पवित्रता की उपस्थिति का प्रतीक है। टोरा के ऊपर लगे दो स्वर्ण मुकुट त्रावणकोर और कोचीन के महाराजा द्वारा दिए गए थे, जिन्होंने उदारतापूर्वक यहूदी व्यापारिक समुदाय को केरल में रहने और व्यापार करने के अधिकार दिए थे। फ़र्श को **सफ़ेद और नीली टाइलों** से पक्का किया गया है, जो 19वीं शताब्दी में चीन से आई थीं, चीन एशिया से यूरोप के समुद्री व्यापार मार्ग का भी हिस्सा था। प्रार्थना करवाने वाले व्यक्ति के लिए एक उठा हुआ **मंच या बिमा** बना है। प्रार्थना मंडली अपने सबसे पवित्र शहर यरूशलेम (इज़राइल) की दिशा में मुँह करके खड़ी होती है।

बार (लड़का) और बैट (लड़की) मिटज़्वा की रस्म

जब यहूदी लड़के और लड़कियाँ 13 साल की उम्र में पहुँचते हैं, तो बार या बैट मिटज़्वा नामक एक विशेष समारोह आयोजित किया जाता है। इस अवसर पर बच्चों को यहूदी धर्म में दीक्षित किया जाता है, और औपचारिक रूप से समुदाय में स्वीकार किया जाता है।

काली मिर्च को 'काला सोना' कहा जाता था, क्योंकि यूरोप में इसकी काफ़ी मांग थी। उन दिनों में जब रेफ़्रीजिरेटर नहीं थे और मांस बहुत बदबूदार हो जाता था, तो जादुई मसाले, काली मिर्च का इस्तेमाल स्वाद को बेहतर बनाने के लिए किया जाता था।

- पहली शताब्दी ईसवी, यहूदियों का आना और बसना; आंतरिक और बाहरी व्यापार फलने-फूलने लगा
- पहली शताब्दी ईसवी, अरब नाविकों ने भारत में अरब सागर को पार करते हुए मानसूनी हवाओं की खोज की

500 ईसा पूर्व | 0 | 500 ईसवी | 1000 ईसवी | 1500 ईसवी | 2000 ईसवी

19 यीशु की कहानी

ईसा मसीह (यीशु) की जीवनगाथा

यीशु 2,000 साल पहले यहूदिया (इज़राइल) में रहते थे, जिस पर विदेशी रोमन आक्रमणकारियों का शासन था। उनका जन्म बेथलहम (इज़राइल में ही) में हुआ था, और उनका जन्मदिवस, 25 दिसंबर हर साल क्रिसमस के रूप में मनाया जाता है। यीशु का लालन-पालन उनकी माता मरियम और उनके पिता यूसुफ़ ने किया था, जो एक बढ़ई थे।

माना जाता है कि लड़कपन में यीशु ने कई अद्भुत चमत्कार किए थे, जैसे हज़ारों तीर्थयात्रियों का पेट केवल दो रोटियों से भर देना और बीमार लोगों को ठीक कर देना, आदि। उनके कई अनुयायी थे, जो उन्हें ईश्वर का पुत्र मानते थे, उनकी लोकप्रियता से अन्य यहूदी लोग और रोमन शासक चिढ़ गए थे। उनके बारह घनिष्ठ मित्र थे, जिन्हें उनका शिष्य कहा जाता था। उनके शिष्यों में से एक ने उन्हें धोखा दिया, और उसके बाद राजा हेरोदेस (यहूदियों के नेता) ने यीशु को मृत्युदंड देने का आदेश दिया।

यीशु को लकड़ी के क्रॉस पर उसी प्रकार कीलों से ठोंका गया था, जिस प्रकार उस समय चोरों और हत्यारों को दंड दिया जाता था। माना जाता है कि यीशु की मृत्यु क्रॉस पर हुई थी, और उन्हें गुड फ्राइडे के दिन दफ़नाया गया था, लेकिन तीसरे दिन वे फिर से जीवित हो उठे और अपने अनुयायियों के सामने प्रकट हुए। इस दिन को ईस्टर कहा जाता है, और इस दिन उत्सव मनाया जाता है।

यीशु ने प्रेम का संदेश फैलाने के लिए अपने शिष्यों को दुनिया भर में भेजा था। यीशु की मृत्यु के 100 वर्षों के भीतर (1 ईसवी शताब्दी), उनके उपदेश उत्तरी अफ्रीका और भारत में फैल गए थे।

बाइबिल

ईसाईयों के पवित्र ग्रंथ बाइबिल के दो भाग हैं: पहला ओल्ड टेस्टामेंट (प्राचीन धर्मादेश) जो बिलकुल हिब्रू बाइबिल जैसा है, और अगला न्यू टेस्टामेंट (नवीन धर्मादेश), जिसमें यीशु के जीवन और उनके शिष्यों की कहानियाँ शामिल हैं। प्रारंभिक बाइबिलों को ख़ूबसूरती से चित्रित किया जाता था और वे पूरी तरह से हस्तलिखित होती थीं।

2500 ईसा पूर्व | 2000 ईसा पूर्व | 1500 ईसा पूर्व | 1000 ईसा पूर्व | 500 ईसा पूर्व

यहूदी व्यापारियों की तरह, ईसाई व्यापारी भी पहली शताब्दी ईसवी में भारत आए थे। ऐसा कहा जाता है कि यीशु के शिष्य, सेंट थॉमस सीरिया से दक्षिण भारत, उनके उपदेशों का प्रचार करने आए थे। भारत में ईसाई कम संख्या में हैं (जनसंख्या का 2.7%), कई ईसाईयों ने स्कूलों, कॉलेजों, अस्पतालों और धर्मार्थ संस्थानों का निर्माण करके भारत के विकास में महत्त्वपूर्ण योगदान दिया है। मदर टेरेसा को 1979 में नोबेल शांति पुरस्कार मिला था।

चर्च (गिरजाघर)

चर्च वे स्थल होते हैं जहाँ ईसाई समुदाय प्रार्थना के लिए इकट्ठा होता है, मस्जिद और सिनेगॉग की तरह चर्च में भी सामूहिक प्रार्थना के लिए विशिष्ट जगह होती है।

सभी को प्रार्थना की सूचना देने और बुलाने के लिए चर्च की **घंटियाँ** बजाई जाती हैं।

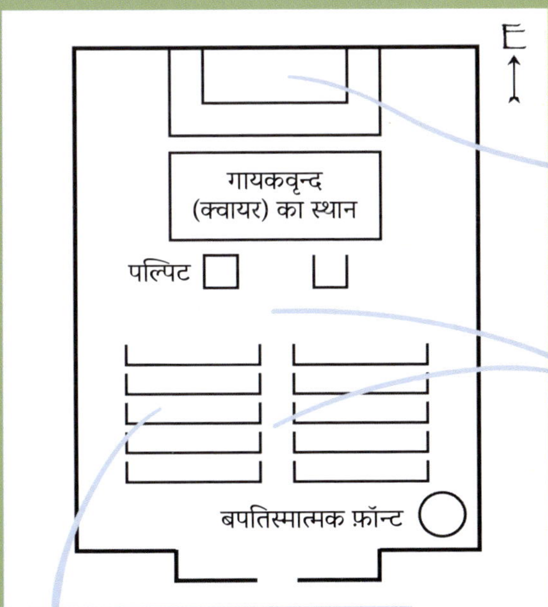

चर्च के एक छोर पर एक **वेदी** (आल्टर) स्थित होती है। यह वह जगह होती है, जहाँ क्रॉस स्थित होता है। क्रॉस सभी को याद दिलाता है कि यीशु ने मानवता को बचाने के लिए अपने जीवन का बलिदान दिया है। औपचारिक अनुष्ठान की सामग्री को वेदी पर रखा जाता है।

नैव या चर्च के अंदर का मध्य भाग। बेंचों के बीच की जगह **गलियारा** (आइल) कहलाता है।

लोगों के बैठने के लिए **बेंच** की व्यवस्था होती है। चर्च में हर कोई पादरी द्वारा दिए गए निर्देशों के अनुसार बैठता, खड़ा होता, गाता या प्रार्थना करता है।

चर्च का आशीर्वाद

चर्च में कई तरह के संस्कार होते हैं। बपतिस्मा संस्कार में पादरी नवजात शिशु पर पवित्र जल डालकर उसे आशीर्वाद देते हैं। चर्च में विवाह और अंतिम संस्कार भी होते हैं।

6-4 ईसा पूर्व - 30 ईसवी, यीशु का जीवनकाल

50 ईसवी, सेंट थॉमस का आगमन

500 ईसा पूर्व | 0 | 500 ईसवी | 1000 ईसवी | 1500 ईसवी | 2000 ईसवी

20 भारत को अपनाने वाले

पैग़म्बर ज़रथुष्ट्र

धार्मिक ग्रंथ

पारसियों का पवित्र ग्रंथ ज़ंद अवेस्ता है।

पारसियों की मान्यता

अग्नि, जो पंचतत्वों में से एक है और जिसमें जलकर सब कुछ शुद्ध हो जाता है, पारसियों द्वारा पवित्र मानी जाती है। इसलिए, पारसी अपने मृतकों को जलाते नहीं हैं, क्योंकि उनका मानना है कि इससे पवित्र अग्नि दूषित हो जाएगी। वे मृत शरीर का अंतिम संस्कार टॉवर ऑफ़ साइलेंस (दखमा) में करते हैं, जिसकी चोटी पर ले जाकर शव को रख दिया जाता है, फिर गिद्ध आकर उस शव को ग्रहण कर लेते हैं। पारसियों का मानना है कि उनकी अंतिम संस्कार विधि पारिस्थितिकी तंत्र के अनुकूल है।

पवित्र अग्नि

पवित्र प्रतीक

अग्नि शुद्ध होती है और प्रदूषित नहीं हो सकती है; इसलिए सभी अग्नि मंदिरों पर अग्नि का और पंखों वाले सूर्यचक्र का प्रतीक उत्कीर्ण होता है।

सूर्य चक्र

त्यौहार

पारसी विभिन्न ऋतुओं के सम्मान में और सृष्टि की रचना के प्रति आभार व्यक्त करने हेतु छह गहम्बर त्यौहार मनाते हैं।

नवरोज़, या नए साल का पहला दिन वसंत ऋतु में पड़ता है। घरों की साफ़-सफ़ाई की जाती है और पूरे परिवार के लिए नए कपड़े ख़रीदे जाते हैं। बहुत से परिवार बीते वर्ष के प्रति आभार व्यक्त करने और आने वाले वर्ष के लिए प्रार्थना करने के लिए अग्नि मंदिर जाते हैं।

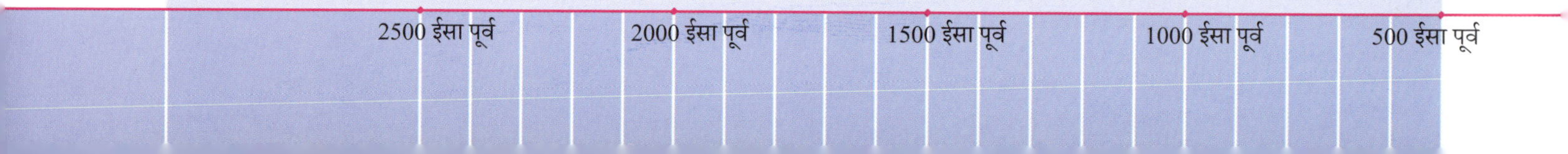

पारसी धार्मिक उत्पीड़न से बचने के लिए, 8वीं शताब्दी में फ़ारस से भारत आए थे। वे पारसी धर्म के अनुयायी हैं, जिसकी स्थापना पैग़म्बर ज़रथुष्ट्र ने की थी और जो फ़ारस का प्राचीन धर्म था। पारसी अग्नि और प्रकाश के देवता अहुरा मज़्दा की पूजा करते हैं।

जे.आर.डी. टाटा

स्वागत योग्य अतिथि

जब 8वीं शताब्दी में पारसी पहली बार गुजरात पहुँचे, तो उन्होंने राजा से अपने लिए ज़मीन मांगी, लेकिन राजा को इस बात का डर था कि ऐसा करने पर उसकी प्रजा नाराज़ हो जाएगी। तब पारसी पुजारी ने एक कटोरी दूध मांगा और उसमें एक चम्मच चीनी घोली। इस उदाहरण से पुजारी ने समझाया कि जैसे चीनी दूध में घुल जाती है – वैसे ही पारसी लोग स्थानीय समुदाय के साथ मिलजुल कर रहेंगे, स्थानीय गुजराती भाषा बोलेंगे, वेशभूषा अपनाएँगे, और मेहनत करके अपने नए घर की उन्नति में योगदान करने की पूरी कोशिश करेंगे। पारसियों ने अपना वादा निभाया। समुदाय के कई सदस्यों ने अंग्रेज़ों के ख़िलाफ़ भारत की आज़ादी की लड़ाई लड़ी। अनेक महान पारसी हुए, जैसे जे.आर.डी. टाटा, होमी भाभा और भी कई, जिन्होंने भारत के उद्योग, विज्ञान और कला के विकास में महत्त्वपूर्ण योगदान दिया।

जब मुग़ल बादशाह अकबर का गुजरात पर शासन था, तो उसने फ़ारसी राजाओं के रिवाज के अनुसार अपने दरबार में निरंतर जलने वाली पवित्र अग्नि की स्थापना की थी।

2011 की जनगणना के अनुसार भारत में केवल 57,000 पारसी हैं। उनकी संख्या में भारी गिरावट आई है।

अग्नि मंदिर

पारसी अगियारी या अग्नि मंदिर में पूजा करते हैं जहाँ मुख्य रूप से अग्नि की पूजा होती है। पवित्र अग्नि निरंतर जलती रहती है और इसे बुझने नहीं दिया जाता है। अग्नि मंदिर आमतौर पर साधारण डिज़ाइन की एक आयताकार इमारत होती है, जिसमें कोई छवियाँ या मूर्तियाँ नहीं होती हैं। लोग आंतरिक कक्ष में प्रार्थना करते हैं, जहाँ धार्मिक समारोह और अनुष्ठान भी किए जाते हैं। ज़ोटी, या प्रधान पुजारी ही अग्नि संबंधी अनुष्ठान कर सकते हैं, अन्य कोई नहीं। किसी भी ग़ैर पारसी का अग्नि मंदिर में प्रवेश निषेध होता है।

अग्नि मंदिर का प्रवेशद्वार, मुंबई, महाराष्ट्र

8वीं शताब्दी ईसवी, पारसी फ़ारस से पहुँचे

1640 ईसवी, दोराबजी पटेल, मुंबई पहुँचने वाले पहले पारसी

500 ईसा पूर्व | 0 | 500 ईसवी | 1000 ईसवी | 1500 ईसवी | 2000 ईसवी

21 देवताओं के निवास

मंदिर के भाग

मंदिर का **शिखर** या छत गर्भगृह के ठीक ऊपर एक मुकुट की तरह बनाया जाता था।

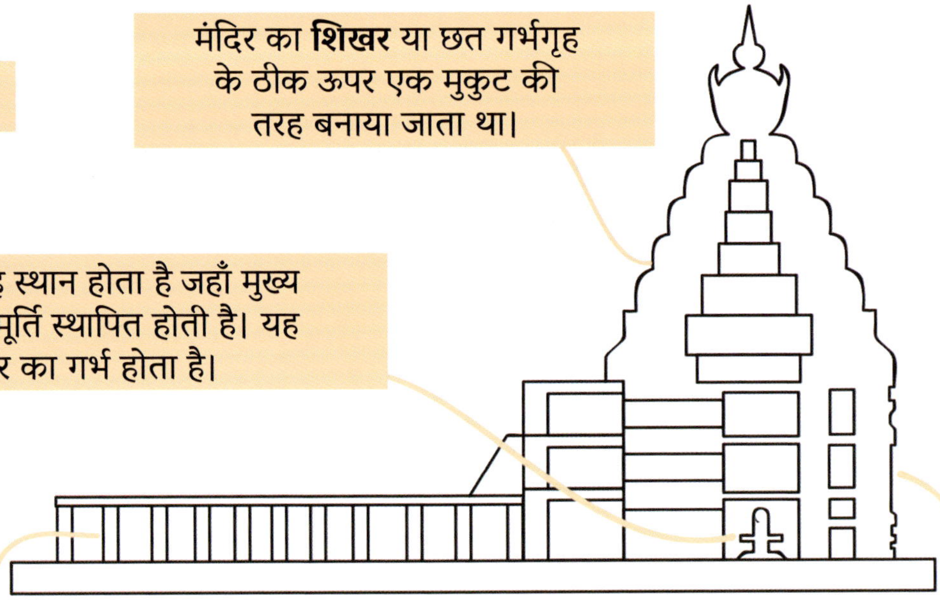

गर्भगृह वह स्थान होता है जहाँ मुख्य देवता की मूर्ति स्थापित होती है। यह मंदिर का गर्भ होता है।

मंडप एक स्तंभयुक्त कक्ष होता है।

विमान गर्भगृह के चारों ओर बनी बाहरी दीवार को कहते हैं। विमान पर मूर्तियाँ और सजावटी नक़्क़ाशियाँ उत्कीर्ण होती हैं, ताकि मंदिर के चारों ओर प्रदक्षिणा या परिक्रमा करने वाले श्रद्धालु पौराणिक कथाओं, किंवदंतियों और मिथकों को आसानी से समझ सकें।

भारत के प्रत्येक क्षेत्र में शिखर की अपनी शैली विकसित हुई है

दक्षिण भारत में शिखर की रूपरेखा पिरामिडनुमा होती है

मध्य भारत में, शिखर शंक्वाकार होता है

पूर्वी भारत (ओडिशा) में, शिखर स्तंभ की तरह होता है

दक्खिन (कर्नाटक) में, शिखर की योजना तारे के आकार की होती है

दक्षिण भारत

मध्य भारत

2500 ईसा पूर्व | 2000 ईसा पूर्व | 1500 ईसा पूर्व | 1000 ईसा पूर्व | 500 ईसा पूर्व

देवालय का अर्थ है – जहाँ देवता निवास करते हैं। वास्तुशास्त्र के अनुसार, एक मंदिर का निर्माण किसी सुंदर परिवेश वाले स्थान पर किया जाना चाहिए ,जहाँ 'देवता जाना चाहेंगे', किसी नदी के किनारे या किसी पहाड़ी पर। मंदिर का नाम मुख्य देवता के नाम पर प्रचलित होता है, जैसे हनुमान मंदिर या विश्वनाथ मंदिर।

शुरुआत

मंदिर निर्माण की शुरुआत तमिलनाडु के तटीय क्षेत्र मामल्लपुरम से हुई थी, जहाँ पल्लव राजाओं ने पहली बार 7वीं शताब्दी में शैलकर्तित नक़्क़ाशी का प्रयोग किया था। मामल्लपुरम के प्रयोग में, यह लगता है कि लघु द्रौपदी मंडप की छत फूस की झोपड़ी जैसी है, लेकिन पूरा मंडप एक एकल शिला को काटकर बनाया गया है। इसके बाद शिल्पियों ने अर्जुन रथ का निर्माण किया, जिसके शिखर में तीनों स्तरों पर लघु द्रौपदी रथ की झोपड़ी जैसी छतें बनी हैं, स्तर एक के ऊपर एक हैं। शिखर का प्रत्येक स्तर पहले से छोटा है, और पिरामिड जैसी आकृति का आभास देता है, जो बाद के दक्षिण भारतीय शिखरों की विशेषता बन गई।

द्रौपदी और अर्जुन रथ या मंदिर, मामल्लपुरम, तमिलनाडु

विश्व विरासत स्थल

तट मंदिर, मामल्लपुरम, तमिलनाडु

दक्खिन

पूर्वी भारत

दीप प्रज्वलन

पूजा का एक महत्त्वपूर्ण अंग दीप जलाना है। जैसे प्रकाश अंधकार को दूर करता है वैसे ही ज्ञान अज्ञान को दूर करता है। पूजा की शुरुआत जगह की सफ़ाई से होती है, फिर दीया जलाया जाता है, घंटी बजाई जाती है, फल और फूल का चढ़ावा चढ़ाया जाता है, धूप (अगरबत्ती) जलाई जाती है और प्रसाद ग्रहण किया जाता है, इस प्रकार हमारी पाँच इन्द्रियाँ जागृत होती हैं – दृष्टि, ध्वनि, स्पर्श, गंध और स्वाद की।

चूंकि हमारा देश एक कृषि प्रधान देश हैं, यहाँ कई त्यौहार ऋतुओं के अनुसार मनाए जाते हैं: फ़सल कटाई – पोंगल या लोहड़ी, मकर संक्रांति (प्रत्येक वर्ष 14 जनवरी को); ग्रीष्म ऋतु की शुरुआत – होली, रंगों का त्यौहार, जिसके रंग पेड़ों में खिलते फूलों के रंगों से मेल खाते हैं; और शीत ऋतु की लंबी अंधेरी रातों की शुरुआत – दीवाली, प्रकाश का त्यौहार।

600-800 ईसवी, मंदिर वास्तुकला में विशिष्ट शैलियों का प्रादुर्भाव

7वीं शताब्दी ईसवी, दक्षिण भारत में चट्टानों को काटकर बनाए गए मंदिरों का निर्माण

711 ईसवी, अरबों द्वारा सिंध पर विजय

500 ईसा पूर्व | 0 | 500 ईसवी | 1000 ईसवी | 1500 ईसवी | 2000 ईसवी

22 शैलकर्तित मंदिर

अद्वितीय एलोरा

महाराष्ट्र के एक छोटे से गाँव एलोरा में, एक पूरी पहाड़ी को काटकर और तराश कर 12 बौद्ध चैत्य गृह और विहार, 17 हिंदू मंदिर और 5 जैन मंदिर बनाए गए थे। यह एक अद्भुत बात है कि विभिन्न धर्मों के इतने समुदाय, इस शानदार स्थल पर एक साथ रहते थे और कला का निर्माण करते थे।

विश्व विरासत स्थल

चैत्य गृह का आंतरिक भाग, एलोरा गुफाएँ, महाराष्ट्र

चैत्य गृह, एलोरा गुफाएँ, महाराष्ट्र

रामायण के उत्कीर्णन वाला फ़लक, कैलाश मंदिर, एलोरा, महाराष्ट्र

कैलाश मंदिर, एलोरा गुफाएँ, महाराष्ट्र

कैलाश मंदिर

प्रसिद्ध कैलाश मंदिर शिव भगवान का मंदिर है, जो एक पहाड़ी को सावधानीपूर्वक काटकर बनाया गया है, यह 30 मीटर ऊँचा, 90 मीटर लंबा और 53 मीटर चौड़ा है। इसका निर्माण एक स्वतंत्र शिलाखंड को ऊपर से नीचे काटते हुए किया गया था, मंदिर में एक प्रवेश द्वार, एक कक्ष, पिरामिड जैसा ऊँचा शिखर, विस्तृत नक़्क़ाशीदार खंभे और दीवारें बनाई गई थीं।

2500 ईसा पूर्व | 2000 ईसा पूर्व | 1500 ईसा पूर्व | 1000 ईसा पूर्व | 500 ईसा पूर्व

शिल्पियों ने पाया था कि पत्थर लकड़ी की तुलना में अधिक टिकाऊ है, इसलिए वे लकड़ी और फूस की इमारतों के डिज़ाइनों की नकल करते हुए पत्थर की संरचनाओं का निर्माण करने लगे थे। पत्थर का काम बहुत महँगा था, इसलिए पत्थर से केवल महत्त्वपूर्ण इमारतों का निर्माण किया जाता था। जब उनका हाथ इस नए कौशल पर सध गया था तो उन्होंने पत्थर की नक़्क़ाशी के साथ हर तरह के प्रयोग किए। महाराष्ट्र में कार्ला, कन्हेरी, एलीफेंटा और एलोरा में इसके शुरुआती प्रयोग दिखते हैं।

एलीफेंटा द्वीप

एलीफेंटा नाम पुर्तगालियों द्वारा दिया गया है, क्योंकि उन्हें मुंबई के पास स्थित एक द्वीप पर एक सुंदर नक़्क़ाशीदार पत्थर का हाथी मिला था। इस छोटे से द्वीप पर एक पहाड़ी है, जिसे तराश कर एक क्रॉस-आकार का कक्ष बनाया गया है, और प्रत्येक दीवार पर विशालकाय छवियाँ उत्कीर्ण हैं: चौसर खेलते शिव-पार्वती, शिव-पार्वती विवाह समारोह में उपस्थित सभी देवी-देवता, और सबसे प्रमुख और शानदार, त्रिमूर्ति प्रतिमा – जिसमें शिव के तीन मुख हैं, एक स्मित और दयावान, एक क्रोधित और बीच में शांत।

विश्व विरासत स्थल

एलीफेंटा गुफाओं का बाहरी दृश्य, महाराष्ट्र

शिव-पार्वती विवाह छवि, एलीफेंटा गुफाएँ, महाराष्ट्र

शिव त्रिमूर्ति, एलीफेंटा गुफाएँ, महाराष्ट्र

महाराष्ट्र में एलीफेंटा और एलोरा और तमिलनाडु में महाबलीपुरम शैलकर्तित अर्थात चट्टानों को काटकर बनाए गए वास्तुशिल्प के बेहतरीन उदाहरणों में से हैं। यही कारण है कि इन स्थलों को विश्व विरासत स्थल का दर्जा दिया गया है, ऐसे अनूठे स्थलों के रूप में, जिनका संरक्षण पूरे विश्व के लोगों को करना चाहिए।

इस द्वीप पर रहने वाले लोगों के पास अस्पताल जैसी कई सुविधाएँ और मुंबई की भूमि तक पहुँचने के लिए कोई त्वरित मार्ग नहीं हैं। क्या आप को लगता है कि किसी विरासत स्थल का संरक्षण करते हुए, उसके आसपास रहने वाले लोगों को भी ध्यान में रखना चाहिए?

760-770 ईसवी, कैलाश मंदिर, एलोरा, औरंगाबाद के पास | 8वीं-9वीं शताब्दी ईसवी, एलीफेंटा गुफाएँ, मुंबई के पास

500 ईसा पूर्व | 0 | 500 ईसवी | 1000 ईसवी | 1500 ईसवी | 2000 ईसवी

23 ऊँचाईयों की ओर

कंदरिया महादेव मंदिर, खजुराहो, म.प्र.

विश्व विरासत स्थल

ख़ूबसूरत खजुराहो

मध्य प्रदेश के खजुराहो में चंदेल वंश द्वारा निर्मित 25 से अधिक मनमोहक मंदिर हैं। भगवान शिव का मंदिर, कंदरिया महादेव सबसे बड़ा और सबसे शानदार है।

विश्वनाथ मंदिर, खजुराहो, म.प्र.

चंदेल राजा और रानी

खजुराहो में शिवरात्रि

प्रतिवर्ष महाशिवरात्रि के अवसर पर हज़ारों लोग खजुराहो आते हैं। वे दैवीय जोड़ी शिव और पार्वती के विवाह समारोह को मनाते हैं, और इस अवसर पर विशेष रूप से आयोजित मेले का आनंद उठाते हैं।

2500 ईसा पूर्व | 2000 ईसा पूर्व | 1500 ईसा पूर्व | 1000 ईसा पूर्व | 500 ईसा पूर्व

10वीं-11वीं शताब्दी के दौरान कई विशाल मंदिरों का निर्माण हुआ था, जिनमें बड़ी मात्रा में मूर्तिकला और नक़्क़ाशी की गई थी। ये मंदिर दर्शन, नृत्य और संगीत की शिक्षा के केंद्र बन गए थे। वार्षिक उत्सवों और अन्य कार्यक्रमों में भाग लेने के लिए हज़ारों तीर्थयात्री इन मंदिरों की यात्रा करते हैं।

सूर्य मंदिर

13वीं शताब्दी में ओडिशा के कोणार्क में समुद्र तट पर बना सूर्य मंदिर, सूर्यदेव के रथ की तरह दिखता है। ऐसा माना जाता है कि सूर्य सात घोड़ों वाले रथ में संसार की परिक्रमा करते हैं और दिन-रात का सृजन करते हैं। सूर्यदेव के रथ पर सवार संगीतकार हर सुबह का स्वागत अपने स्वर्गिक संगीत से करते हैं। मंदिर को रथ की तरह दर्शाने के लिए शिल्पियों ने इसमें 24 विशालकाय चक्र और सात चलते हुए घोड़े बनाए थे, जो पत्थरों से बने हैं। माना जाता है कि घोड़े सप्ताह के सात दिनों या प्रकाश के सात रंगों के प्रतीक हैं।

विश्व विरासत स्थल

पत्थर का चक्र, सूर्य मंदिर, कोणार्क, ओडिशा

मंदिर के गर्भगृह में सूर्यदेव की एक बड़ी छवि है, सामने एक विशाल जगमोहन या कक्ष है, और विमान (मंदिर की दीवार) पर विभिन्न वाद्ययंत्र बजाते हुए संगीतकारों की सुंदर छवियाँ उत्कीर्ण हैं। ऊँचा शिखर (जो अब गिर चुका है) संभवतः पहले नाविकों का पथप्रदर्शन करता था।

सूर्यदेव प्रतिमा, सूर्य मंदिर, कोणार्क, ओडिशा

जगन्नाथ रथ यात्रा

जुलाई के महीने में पुरी शहर जीवंत हो उठता है, क्योंकि इस समय ओडिशा के सबसे प्रतिष्ठित देव, जगन्नाथ (भगवान विष्णु का एक रूप) की मूर्ति को जगन्नाथ मंदिर से बाहर निकाल कर रथ पर उनकी शोभायात्रा निकाली जाती है। इस यात्रा में उनके साथ उनकी बहन सुभद्रा, और भाई बलभद्र भी होते हैं। फिर उन्हें गुंडिचा घर ले जाया जाता है – जो भगवान जगन्नाथ का जन्मस्थान है, जहाँ वे नौ दिनों तक रहते हैं और अंत में पुरी लौटते हैं।

1017-1029 ईसवी, चंदेल शासकों ने खजुराहो मंदिर परिसर का निर्माण किया

1238 ईसवी, सूर्य मंदिर, कोणार्क; जगन्नाथ मंदिर, पुरी

500 ईसा पूर्व | 0 | 500 ईसवी | 1000 ईसवी | 1500 ईसवी | 2000 ईसवी

24 मंदिर नगर

विश्व विरासत स्थल

तमिलनाडु के चोल (9वीं-13वीं शताब्दी)

चोल वंश की सत्ता राजराजा नामक राजा से शुरू हुई थी और उसके बाद उनके पुत्र राजेंद्र चोल (1044 ईसवी) ने शासन किया था। चोलों के पास एक कुशल सेना और नौसेना थी, जिससे उन्होंने पल्लवों, पांड्यों और चेरों के क्षेत्रों को अपने अधीन कर लिया था। उन्होंने श्रीलंका, मालदीव द्वीप समूह और सुमात्रा के कुछ हिस्सों पर भी विजय प्राप्त की थी। फिर वे पूर्वोत्तर में, बंगाल और गंगा नदी की ओर बढ़े। उन्होंने तंजावुर और गंगईकोंडा-चोलपुरम (अर्थात वह चोल नगर जहाँ गंगा लाई गई थी) में कई शानदार मंदिरों का निर्माण किया था।

बृहदेश्वर मंदिर, तंजावुर, तमिलनाडु

विजयनगर परिसर, हम्पी, कर्नाटक

बादामी के चालुक्य, कर्नाटक (6ठी-8वीं शताब्दी)

चालुक्य वंश ने छठी शताब्दी ईसवी में विंध्य से दक्षिण की ओर स्थित क्षेत्रों पर शासन किया था। राजा पुलकेशिन प्रथम और द्वितीय ने उनकी राजधानी बादामी में और पट्टडकल में, कलाकारों को मंदिरों के डिज़ाइन के साथ प्रयोग करने के लिए प्रोत्साहित किया था। ये डिज़ाइन इतने लोकप्रिय हुए कि बाद में ये भारत के अलग-अलग हिस्सों में फैल गए और क्षेत्रीय शैली के रूप में अपनाए जाने लगे।

विश्व विरासत स्थल

विजयनगर के शासक, कर्नाटक (15वीं-16वीं शताब्दी)

तुंगभद्रा नदी पर स्थित प्राचीन विजयनगर साम्राज्य, जिसकी राजधानी हम्पी थी, के खंडहर दक्षिण भारत के महानतम साम्राज्यों में से एक की कहानी सुनाते हैं। यहाँ एक शानदार प्राकृतिक परिदृश्य में स्थापित महलों, मंदिरों और तालाबों वाले एक सम्पूर्ण नगर के अवशेष दिखते हैं।

2500 ईसा पूर्व | 2000 ईसा पूर्व | 1500 ईसा पूर्व | 1000 ईसा पूर्व | 500 ईसा पूर्व

जैसे-जैसे मंदिर लोगों के दैनिक जीवन का हिस्सा बनते गए, वे विशाल परिसरों और यहाँ तक कि नगरों के रूप में भी विकसित होते गए। कई मंदिरों परिसरों के भीतर, पूरे नगर का व्यवस्थित वर्गीकरण किया गया था: मंदिर की ओर जाने वाला बाज़ार जहाँ फूल और प्रसाद बेचा जाता था, ब्राह्मणों के लिए आवास, शालाएँ, व्यापारियों के घर और कार्यशालाएँ, जहाँ कारीगर काम करते थे।

मंदिरों का विस्तार

मंदिरों में, विशेष रूप से दक्षिण भारत में, कई मंडप/कक्ष और लघु मंदिर, विशाल प्रवेश द्वार, सरोवर, दुकानें और रसोईघर आदि जुड़ते गए। विभिन्न अनुष्ठानों और गतिविधियों के लिए अतिरिक्त मंडप या कक्ष जोड़े गए: तीर्थयात्रियों को खिलाने के लिए भोग मंडप, शादियों के लिए कल्याण मंडप, नृत्य के लिए नट मंडप, साथ ही देवी-देवताओं और उनके भक्तों के मनोरंजन के लिए संगीत मंडप।

एक दक्षिण भारतीय मंदिर परिसर का चित्रण

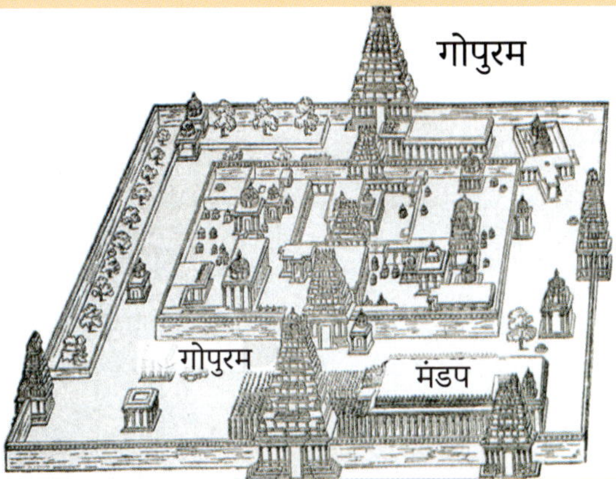

गोपुरम, नटराज मंदिर, चिदंबरम, तमिलनाडु

एक मंदिर नगरी के पास लगा मेला

ईश्वर का द्वार

प्रत्येक मंदिर में एक या एक से अधिक विशाल गोपुरम या प्रवेश द्वार मुख्य दिशाओं की ओर बने होते थे – उत्तर, दक्षिण, पूर्व और पश्चिम में। गोपुरम ऊँचे, विशाल और मूर्तियों से उत्कीर्ण होते थे, ताकि तीर्थयात्री उन्हें दूर से देख सकें। जैसे-जैसे ईंट और पत्थर के गोपुरम ऊँचे बनने लगे, गर्भगृह के ऊपर शिखर छोटा होता गया और आमतौर पर स्वर्ण मंडित होने लगा।

हम अपने सुंदर मंदिर नगरों को बेतरतीब निर्माण और अतिक्रमण से नष्ट होने से कैसे बचा सकते हैं? क्या इसके लिए संवहनीय (टिकाऊ) विकास करना होगा?

1336-565 ईसवी, विजयनगर साम्राज्य, हम्पी
1044-70 ईसवी, दक्षिण में चोलों का उदय
1010 ईसवी, बृहदेश्वर मंदिर, तंजावुर
1000-600 ईसा पूर्व, बाद के तीन वेदों की रचना हुई

500 ईसा पूर्व | 0 | 500 ईसवी | 1000 ईसवी | 1500 ईसवी | 2000 ईसवी

25 मंदिर कला

ईश्वरीय आशीर्वाद की तलाश

लोग मंदिर में दर्शन के लिए या भगवान का आशीर्वाद लेने जाते हैं और जल, फूल, फल, धूप और प्रसाद चढ़ाते हैं। गर्भगृह में स्थापित मुख्य मूर्ति अचल रहती है और उसकी पूजा पूरे वर्ष की जाती है। मूर्ति को हर सुबह नहलाया जाता है, अच्छे वस्त्र और आभूषण पहनाए जाते हैं, फिर सुगंधित फूलों और पत्तियों की माला बनाकर चढ़ाई जाती है। रात में, संगीत बजाकर और आरती करके भगवान को सुलाया जाता है और गर्भगृह का पर्दा लगा दिया जाता है।

मालाओं से शिव की आराधना

शिव विवाह का उत्सव, मातंगेश्वर मंदिर, खजुराहो, म.प्र.

भगवान की शोभायात्रा

किसी भगवान से जुड़े प्रत्येक त्यौहार, जैसे शिवरात्रि पर शिव या जन्माष्टमी पर कृष्ण की मूर्ति को विशेष वस्त्र पहनाए जाते हैं और विशेष पूजा की जाती है। ऐसे त्यौहारों के समय, काँसे से बनी मूर्तियों को सुसज्जित रथों में बैठाकर उनकी शोभायात्रा निकाली जाती है। ये लकड़ी के रथ मंदिर के चारों ओर बनी सड़कों पर घूमते हैं ताकि अधिक से अधिक लोग भगवान का आशीर्वाद ले सकें।

मंदिरों से जुड़े शिल्प

तमिलनाडु में काँचीपुरम, और उत्तर प्रदेश में वाराणसी अपनी उत्कृष्ट, हस्तनिर्मित रेशमी साड़ियों के लिए प्रसिद्ध हैं। इन साड़ियों को पीढ़ी दर पीढ़ी सबसे अधिक पसंद किया गया है और आज भी इनकी माँग है। साड़ियों की कीमत उनके वजन के अनुसार तय की जाती है, जिसमें रेशम की शुद्धता और खपत और सोने के तार के उपयोग को ध्यान में रखा जाता है। सहकारी बुनकर समितियों जैसी संस्थाएँ भी काँजीवरम साड़ियाँ बनाती और बेचती हैं।

2500 ईसा पूर्व | 2000 ईसा पूर्व | 1500 ईसा पूर्व | 1000 ईसा पूर्व | 500 ईसा पूर्व

मंदिर नगर प्रसिद्ध तीर्थस्थल बन गए थे, जो अपने शिल्प के लिए भी प्रसिद्ध थे। वस्त्र और धातु प्रतिमाओं जैसे शिल्प तीर्थयात्रियों और आगंतुकों के बीच बहुत लोकप्रिय हैं।

नटराज की काँस्य प्रतिमा, 12वीं शताब्दी, चोल काल

काँस्य प्रतिमाएँ

तंजावुर अपनी काँस्य प्रतिमाओं के लिए आज भी विश्व प्रसिद्ध है – यह शिल्प परंपरा चोल राजवंश (9वीं-13वीं शताब्दी) के शासनकाल के दौरान अपने चरम पर थी।

मोम-साँचा प्रक्रिया

हड़प्पा सभ्यता की नर्तकी प्रतिमा मोम-साँचा प्रक्रिया (*cire perdue*) से बनाई गई थी। प्रतिमा को पहले सटीक अनुपात में मोम से बनाया जाता है और फिर मिट्टी के साँचे से ढँक दिया जाता है। फिर इसमें पिघली हुई धातु डाली जाती है, जिससे मोम पिघल जाता है और साँचे के नीचे बने एक छेद से बाहर निकल जाता है। ठंडा होने पर इससे मिट्टी झाड़कर अलग की जाती है। इस तकनीक में धातु मोम का आकार ले लेती है और नरम मोम के स्थान पर कठोर, चमकदार धातु की प्रतिमा बन जाती है।

देवी प्रतिमा, चोल काल की काँस्य कला, 11वीं शताब्दी

1100 ईसवी, चोल कलाकारों ने मोम-साँचा (*cire perdue*) प्रक्रिया का इस्तेमाल किया

500 ईसा पूर्व | 0 | 500 ईसवी | 1000 ईसवी | 1500 ईसवी | 2000 ईसवी

26 इस्लाम का जन्म

प्रार्थना का स्थान
मस्जिद का अर्थ है ऐसा स्थान, जहाँ सामूहिक प्रार्थना या नमाज़ की जाती है।

गुंबद एक अर्धगोलाकार छत होती है। एक बड़े क्षेत्र को ढकने के लिए गुंबद चापाकार बनते हैं।

मीनार पर चढ़कर मुअज़्ज़िन लोगों को नमाज़ के लिए बुलाता है। यह आह्वान या अज़ान, दिन में पाँच बार की जाती है। जब लोग अजान सुनते हैं, तो वे मस्जिद जाते हैं, या घर पर नमाज पढ़ते हैं।

मिहराब अलंकृत आले होते हैं जो मक्का में स्थित काबा की दिशा को इंगित करते हैं, मुसलमान इसी दिशा की ओर मुँह करके नमाज पढ़ते हैं।

जामा मस्जिद, दिल्ली

एक खुला आँगन या **दालान**, जहाँ लोग एक साथ नमाज पढ़ सकें। **ईदगाह** एक विशाल खुला स्थान होता है जहाँ हजारों लोग ईद की नमाज के लिए इकट्ठा होते हैं।

नमाज से पहले लोगों के हाथ और चेहरा धोने के लिए एक **हौज** होता है।

जामा मस्जिद
बड़ी मस्जिदें या जामा मस्जिदें जहाँ शुक्रवार (जुम्मा) की नमाज़ के लिए हज़ारों लोग समा सकते हैं। दिल्ली में जामा मस्जिद के दालान में 20,000 से अधिक लोग एक साथ इकट्ठे हो सकते हैं।

2500 ईसा पूर्व | 2000 ईसा पूर्व | 1500 ईसा पूर्व | 1000 ईसा पूर्व | 500 ईसा पूर्व

इस्लाम का अर्थ है अल्लाह की मर्ज़ी क़बूल करना। अस्सलाम का अर्थ है शांति में प्रवेश करना। जब अरब व्यापारी भारत आए, तो देश में इस्लाम की शुरुआत हुई। इस धर्म के अनुसार केवल एक ही ईश्वर है, और उसका दूत या पैग़म्बर मोहम्मद है।

पैग़म्बर का जन्म

मोहम्मद का जन्म सन 570 ईसवी में सऊदी अरब के मक्का में हुआ था। 40 वर्ष की आयु में उन्हें ईश्वर का संदेश प्राप्त हुआ, जो क़ुरान में दर्ज है, जो कि इस्लामी क़ानून और शिक्षा का स्रोत है। मोहम्मद एक ग़ैर बराबरी वाले समाज में रहते थे जहाँ ग़ुलाम और मालिक होते थे। वह लोगों के बीच अल्लाह का संदेश प्रचारित करने लगे, लेकिन कई लोग उनके ख़िलाफ़ हो गए और उन्हें मक्का से मदीना भागना पड़ा। लोगों को समानता, एकता और शांति का पाठ सिखाने के लिए मोहम्मद अपने अनुयायियों के साथ बाद में मक्का लौट आए।

त्यौहार

ईद-उल-फ़ित्र या रोज़े खोलना, रमज़ान माह, जिसके दौरान मुसलमान सूर्योदय से सूर्यास्त तक पूरे एक महीने तक रोज़ा (उपवास) रखते हैं, की समाप्ति की ख़ुशी में मनाया जाता है।

ईद-उल-ज़ुहा पैग़म्बर इब्राहिम की महान क़ुरबानी की याद में मनाया जाता है जो अल्लाह के प्रति इतने समर्पित थे कि बिना किसी हिचकिचाहट के अपने इकलौते बेटे इस्माइल की क़ुरबानी देने के लिए सहमत हो गए थे। अल्लाह उनके समर्पण से इतने ख़ुश हुए कि उन्होंने इब्राहिम से बेटे के बदले एक बकरे की क़ुरबानी देने को कहा।

क़ुतुब मीनार

दिल्ली में पहली पत्थर की मस्जिद 1199 ईसवी में क़ुतुब-उद-दीन ऐबक द्वारा निर्मित प्रसिद्ध क़ुतुब मीनार है। इस मीनार की ऊँचाई 239 फीट है और यह भारत की सबसे ऊँची पत्थर की मीनार है। क़ुतुब मीनार, दिल्ली की सबसे बड़ी पहचान और एक विश्व विरासत स्थल है।

विश्व विरासत स्थल

12वीं शताब्दी ईसवी, इस्लाम का आगमन | 1191 ईसवी, क़ुतुब मीनार का निर्माण, नई दिल्ली

500 ईसा पूर्व | 0 | 500 ईसवी | 1000 ईसवी | 1500 ईसवी | 2000 ईसवी

27 जन्नत का बाग़

मक़बरे

भारत में राजाओं, रानियों, संतों-औलियों और कवियों के साथ-साथ, इतिहास के अन्य उल्लेखनीय व्यक्तित्वों की स्मृति में शानदार मक़बरे बनाए गए थे। मक़बरों के पास, आगंतुकों के लिए मस्जिद और विश्राम गृह भी बनाए गए थे। आज, संतों-औलियों की पुण्यतिथि जैसे अवसरों पर वार्षिक उत्सव जैसे उर्स, और अन्य कार्यक्रम भी मक़बरा स्थलों पर आयोजित किए जाते हैं।

समय के साथ बदलता मक़बरों का आकार

ग़ियासुद्दीन तुग़लक़ का मक़बरा, 14वीं शताब्दी, नई दिल्ली

लोदी मक़बरा, 15वीं शताब्दी, नई दिल्ली

पूरे इस्लामी संसार में, मृतकों को मक़बरों में दफ़नाया जाता है। इसलिए शाही मक़बरों के परिसर में पानी की नहरों के साथ शानदार बाग़ बनाए गए थे। इस्लामी मान्यता के अनुसार, जब दुनिया का अंत हो जाएगा, तो अच्छा जीवन जीने वाले जन्नत में जाएंगे। क़ुरान में जन्नत (स्वर्ग) का वर्णन एक सुंदर और शांतिपूर्ण स्थान के रूप में है, जहाँ जीवन नदी बहती है, और पेड़ों पर हमेशा बहार रहती है (फूल खिले रहते हैं)।

मुग़ल बाग़ का चित्र, अकबर का मक़बरा, 17वीं शताब्दी, सिकंदरा, आगरा के पास, उ.प्र.

विश्व विरासत स्थल

हुमायूँ का मक़बरा, 16वीं शताब्दी, नई दिल्ली

विश्व विरासत स्थल

ताजमहल, 17वीं शताब्दी, आगरा, उ.प्र.

प्रारंभिक गुंबद बड़े और बल्बनुमा थे। बाद के वर्षों में गुंबद प्याज़ के आकार जैसे बनने लगे।

1569 ईसवी, हुमायूँ का मक़बरा, नई दिल्ली
1526 ईसवी, मुग़ल सल्तनत की शुरुआत
1451-1526 ईसवी, लोदी सल्तनत, दिल्ली
1320-1414 ईसवी, तुग़लक़ सल्तनत, दिल्ली
1652 ईसवी, ताजमहल, आगरा

500 ईसा पूर्व | 0 | 500 ईसवी | 1000 ईसवी | 1500 ईसवी | 2000 ईसवी

28 अलंकृत ज्यामिति

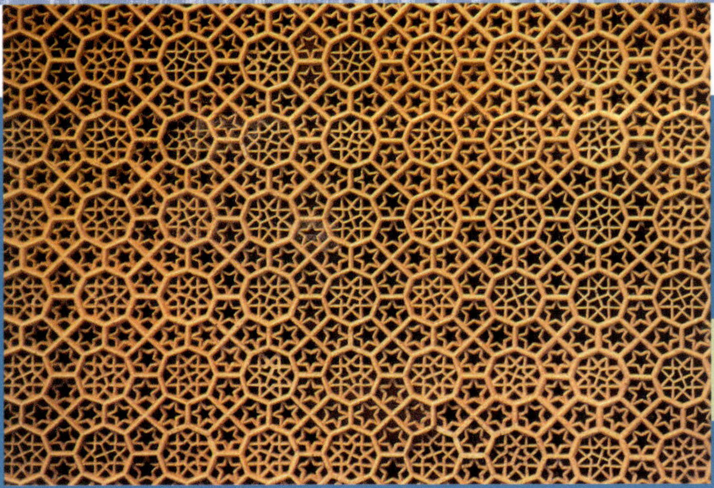

जाली

जाली संगमरमर या पत्थर की एकल सिल्ली पर छेद करके तैयार की जाती है। जाली से हवा का प्रवाह होता है और दोपहर की तेज़ धूप से बचाव भी होता है। जाली लगाने से निजता भी मिलती है – आप इससे बाहर देख सकते हैं लेकिन बाहर से अंदर कोई नहीं देख सकता है।

संगमरमर की जाली, फतेहपुर सीकरी, आगरा के पास स्थित, उ.प्र.

सुलेख (कैलीग्राफ़ी)

सुलेख सजावटी लेखन की कला है। इस शब्द की उत्पत्ति दो ग्रीक शब्दों से हुई है – कैलोस (सौंदर्य) और ग्राफ़ोस (लेखन)। इस्लामी वास्तुकला में सुलेख के रूप में क़ुरान की आयतें उत्कीर्ण की गई हैं। दाईं ओर, नई दिल्ली में स्थित क़ुतुब मीनार पर उत्कीर्ण सुलेख।

पच्चीकारी, अकबर का मक़बरा, सिकंदरा, आगरा के पास स्थित, उ.प्र.

पच्चीकारी/ मीनाकारी/ जड़ाऊ काम

पच्चीकारी या पिएत्रा ड्यूरा रत्नों को काटकर और आकार देकर किसी सतह पर, जैसे संगमरमर पर, जड़ने की तकनीक है। इस कला के बेहतरीन उदाहरण ताजमहल में देखे जा सकते हैं, जहाँ एक फूल बनाने के लिए 65 से अधिक अलग-अलग रंगों के रत्नों का इस्तेमाल किया गया था।

पच्चीकारी, ताजमहल, आगरा, उ.प्र.

2500 ईसा पूर्व | 2000 ईसा पूर्व | 1500 ईसा पूर्व | 1000 ईसा पूर्व | 500 ईसा पूर्व

इस्लामी इमारतों में छवियाँ या मूर्तियाँ नहीं बनाई जाती हैं, बल्कि जाली, पच्चीकारी, फूल-पत्तियाँ, ज्यामितीय आकार और डिज़ाइन, और अन्य वास्तुशिल्प विशेषताएँ होती हैं।

मेहराब

मेहराब रोमनों द्वारा प्रतिपादित एक इंजीनियरिंग सिद्धांत है जो छत का भार वहन करने और चौड़े पुल बनाने के लिए प्रयुक्त किया जाता था। हिंदू स्थापत्य में छत का भार बीम पर पड़ता था। दो खंभों के बीच बनी बीम बहुत बड़े आकार की नहीं बन सकती थी, क्योंकि यह बीच से टूट सकती थी। भारत की इस्लामी वास्तुकला में, **बीम** और **मेहराब**, दोनों का उपयोग एक अनूठी शैली बनाने के लिए किया गया था जिसे बाद में इंडो-इस्लामिक कहा जाने लगा।

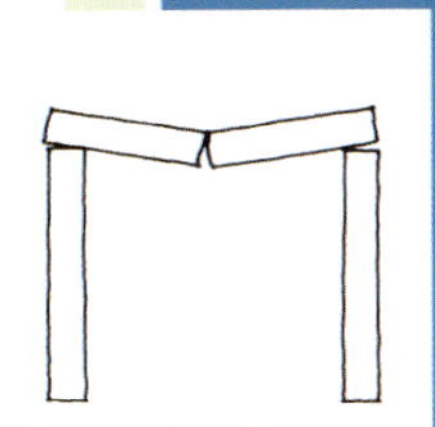

बीम में दरार

बीम और स्तंभ

मेहराब

गुंबद

एक केंद्रीय वर्गाकार कमरे के ऊपर कई मेहराबों अर्थात चापों को आपस में जोड़ने से एक गुंबद बनता है। गुंबज या गुंबद या अर्धगोलाकार छत इस्लामी वास्तुकला का एक विशिष्ट तत्व है।

ताजमहल का गुंबद, आगरा, उ.प्र.

हुमायूँ के मक़बरे का गुंबद

हुमायूँ का मक़बरा विशिष्ट है क्योंकि इसमें दोहरा गुंबद है। बाहर दिखने वाली छत ऊँची है और इमारत के बाहरी आकार के अनुपात में बनी है। मुख्य कक्ष के अंदर, जहाँ हुमायूँ का मक़बरा स्थित है, वहाँ एक और छत है जो नीची है और कक्ष के आंतरिक आकार के अनुपात में है। यही कारण है कि इसे दोहरा गुंबद कहा जाता है।

1571 ईसवी में, मुग़ल बादशाह अकबर ने आगरा के पास फतेहपुर सीकरी का निर्माण किया था

500 ईसा पूर्व | 0 | 500 ईसवी | 1000 ईसवी | 1500 ईसवी | 2000 ईसवी

29 साम्राज्य की देन

1526
पहले मुग़ल शहंशाह बाबर ने अफ़ग़ानिस्तान से भारत पर आक्रमण किया और दिल्ली सल्तनत के अवशेषों पर मुग़ल सल्तनत की स्थापना की।

1530
अपने पिता बाबर की मृत्यु के बाद हुमायूँ राजा बना।

1556
हुमायूँ के पुत्र अकबर ने गद्दी संभाली।

मुग़ल बाग़ः बाबर ने भारत में इस शैली के बाग़ों को बनवाया

हुमायूँ का मक़बरा, नई दिल्ली

पुराना क़िला, नई दिल्ली

अकबर का मक़बरा, सिकंदरा, आगरा के पास, उ.प्र.

शाही आवास, फतेहपुर सीकरी, आगरा के पास, उ.प्र.

2500 ईसा पूर्व | 2000 ईसा पूर्व | 1500 ईसा पूर्व | 1000 ईसा पूर्व | 500 ईसा पूर्व

महान मुग़लों का शासनकाल (1526-1857) कलाओं के विकास का एक रोमांचक काल था। उनके संरक्षण में वास्तुकला, चित्रकला, वस्त्र और आभूषण कला का विकास हुआ। स्थानीय कलात्मक परंपराओं के साथ-साथ कलाओं पर विदेशी प्रभाव, जैसे फ़ारसी और चीनी आदि, भी पड़ा, और इस तरह एक बहुत ही विशिष्ट, मुग़ल शैली विकसित हुई।

1605
जहाँगीर अपने पिता अकबर के बाद बादशाह बना।

1627
जहाँगीर का पुत्र शाहजहाँ बादशाह बना।

1659
उत्तराधिकार के लिए हुए रक्तरंजित युद्ध के बाद औरंगज़ेब बादशाह बना। 1707 में उसकी मृत्यु के बाद, इस राजवंश का पतन शुरू हो गया।

अपने बेटे को सोने में तौलते हुए जहाँगीर

ताजमहल, आगरा, उ.प्र.

बादशाही मस्जिद, लाहौर, पाकिस्तान

मीनार, जहाँगीर का मक़बरा, लाहौर, पाकिस्तान

जामा मस्जिद, दिल्ली

1857 ईसवी, अंतिम मुग़ल बादशाह बहादुर शाह द्वितीय को अंग्रेज़ों ने गद्दी से उतार दिया
1639 ईसवी, शाहजहाँ ने लाल क़िला, पुरानी दिल्ली के निर्माण का आदेश दिया
1656 ईसवी, जामा मस्जिद, पुरानी दिल्ली
1529 ईसवी, बाबर ने अपनी आत्मकथा बाबरनामा पूरी की

500 ईसा पूर्व | 0 | 500 ईसवी | 1000 ईसवी | 1500 ईसवी | 2000 ईसवी

30 पुस्तक कला

हड़प्पाकालीन लिपि

हड़प्पा सभ्यता की लिपि भारत में लेखन का सबसे प्रारंभिक ज्ञात रूप है। इस लिपि को अभी तक बूझा नहीं जा सका है, लेकिन जब इसके गूढ़ार्थ समझ आ जाएंगे तो हम 5,000 साल पहले की इस सभ्यता के बारे में और भी बहुत कुछ जान पाएंगे।

हड़प्पा लिपि के कुछ अक्षर

शिलालेखों में इतिहास

सम्राट अशोक ने अपने साम्राज्य की प्रजा को एक अच्छा जीवन जीने के संदेश और निर्देश देने के लिए चट्टानों और स्तंभों पर शिलालेख उत्कीर्ण करवाये थे। शिलालेख ब्राह्मी लिपि में लिखे गए थे, जो भारत में प्रचलित अनेक लिपियों का मूल रूप है। बाद के राजाओं ने अपने आदेश धातुपत्रों पर अंकित करवाए ताकि वे लंबे समय तक संरक्षित रहें।

अशोक का शिलालेख, नप्ती तलाई, म.प्र.

ताड़पत्र पांडुलिपि, 18वीं शताब्दी, ओडिशा

ताड़पत्र पांडुलिपियाँ

बौद्ध, जैन और हिंदुओं ने ताड़पत्रों पर अनेक धार्मिक ग्रंथों और पांडुलिपियों को तैयार किया। ताड़पत्र को सुखाया जाता था, और उस पर ईख की क़लम या धातु की नोक से लिखा जाता था। धातु की नोक से पत्ते या पत्र पर पतले खाँचे बन जाते थे, जिन्हें कोयले के चूर्ण से रगड़ा जाता था, ताकि काले रंग में अक्षर उभर सकें। पृष्ठों पर कभी-कभी चित्र भी बनाए जाते थे। पत्रों को एक सूत्र या नाड़ी (धागा या डोरी) से साथ में बाँधकर रखा जाता था और उन पर आगे-पीछे लकड़ी के आवरण लगाए जाते थे ताकि वे संरक्षित रहें, आवरणों को भी प्राकृतिक रंगों से रंगा जाता था।

भारत की स्मरण शक्ति असाधारण है। हमारा अधिकांश इतिहास, वैज्ञानिक ज्ञान, गणित, काव्य, पहेलियाँ और किंवदंतियाँ स्मृति के बल पर जीवित है और एक पीढ़ी से दूसरी पीढ़ी को हस्तांतरित किया गया है। लेखनकला भी एक प्राचीन कला है, और हमने अपने ज्ञान को प्रलेखित करने के लिए कई तरह की सामग्रियों का इस्तेमाल किया है।

सुरुचिपूर्ण लिखावट

विभिन्न लिपियों के सुलेख की कई शैलियाँ हैं जो पुस्तक के निर्माण के साथ विकसित हुई हैं। क़ुरान की नक़ल बेहतरीन काग़ज़ पर उतारी जाती थी, और उसे सोने से और रंगीन रूपांकनों और बॉर्डरों से सजाया जाता था। गुरु ग्रंथ साहिब और बाइबिल की नक़ल भी हाथ से तैयार की जाती थी। ये हस्तलिखित और सचित्र कृतियाँ दुनिया भर के संग्रहालयों में रखी हुई हैं।

क़ुरान का पृष्ठ, दक्खिन, 16वीं शताब्दी

काग़ज़ का इतिहास

काग़ज़ का आविष्कार पहली शताब्दी ईसवी में चीन में हुआ था और 10वीं शताब्दी ईसवी में अरब व्यापारी इसे भारत लाए थे। काग़ज़ लकड़ी, बाँस और कपड़े के महीन गूदे को सुखाकर बनाया जाता है। काग़ज़ पर हाथ से लिख कर पुस्तकें तैयार की जाती थीं और उन पर चित्रण आमतौर पर प्रसिद्ध कलाकारों द्वारा किया जाता था। एक पुस्तक लिखने में अक्सर कई महीने और साल लग जाते थे, इसीलिए वे बहुत क़ीमती और मूल्यवान मानी जाती थीं, और विशेष अवसरों पर राजाओं और सामंतों जैसे धनाढ्य लोग अपने परिजनों को उपहार के रूप में पुस्तकें भेंट करते थे।

वर्तमान पुस्तक कला

1450 के दशक में यूरोप में पहले प्रिंटिंग प्रेस का आविष्कार हुआ था। भारत में सबसे पहले छपाई गोवा में हुई थी। बाद में, 1670 में मुंबई में मशीन आयात की गई थी। अब बड़े पैमाने पर पुस्तकें छापी जाती हैं, और उन्हें डिज़ाइन करना एक अत्यधिक कौशलपूर्ण कला रूप बन चुका है। भारत अंग्रेज़ी पुस्तकों का विश्व का तीसरा सबसे बड़ा उत्पादक है।

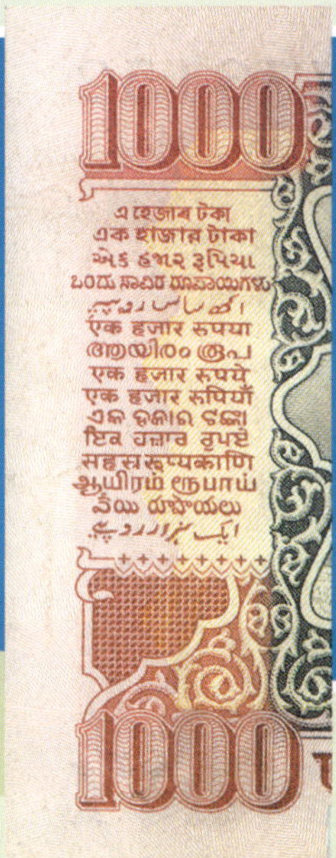

भारतीय मुद्रा नोट पर राष्ट्रीय भाषाएँ

31 मुग़ल लघुचित्र

बाबर

बाबर ने 1526 में मुग़ल साम्राज्य की स्थापना की थी। उसकी आत्मकथा **बाबरनामा** में उसके दैनंदिन जीवन, यात्राओं, युद्धों और उसके द्वारा देखी गई अजीब और अनोखी बातों का लेखा-जोखा दर्ज है। बाबर के बेटे हुमायूँ ने कई साल फ़ारस के राजदरबार में निर्वासन में बिताए और वहाँ की वास्तुकला, चित्रकला और अन्य कला रूपों से प्रभावित हुआ।

एक बाग़ीचे के निर्माण की देखरेख करते हुए बाबर

अकबर

अकबर मात्र 13 साल की उम्र में बादशाह बन गया था, और हालाँकि वह पढ़ना और लिखना नहीं जानता था, उसे सचित्र पुस्तकें पसंद थीं, जिनमें चित्र देखकर कहानी समझ आ जाती थी। उसने **रज़्म-नामा** नामक एक ग्रंथ के चित्रण का आदेश दिया था – जो महाभारत का फ़ारसी में अनुवाद था, उसे पूरा होने में छह साल लगे। अकबर ने अपने पूर्वजों का इतिहास भी सचित्र तैयार करवाया था, जैसे **तैमूरनामा** और **बाबरनामा**, जिनमें बड़ी संख्या में चित्र थे। उसकी अपनी जीवनी, **अकबरनामा**, उसके सलाहकार और मित्र ने लिखी थी।

जंगली जानवरों के बीच अकबर

2500 ईसा पूर्व | 2000 ईसा पूर्व | 1500 ईसा पूर्व | 1000 ईसा पूर्व | 500 ईसा पूर्व

मुग़ल बादशाहों ने अपने जीवन की घटनाओं, युद्धों, महल के उत्सवों, दरबार के दृश्यों, साथ ही प्रकृति के सुंदर नज़ारों को दर्शाने वाली सुंदर सचित्र पांडुलिपियों और चित्रों को तैयार करने के लिए अपने महल की कार्यशालाओं में कलाकारों को नियुक्त किया था।

जहाँगीर

अकबर के बेटे जहाँगीर को लघुचित्र अथवा किताब के आकार के छोटे चित्र पसंद थे। उसके शासनकाल में बड़ी संख्या में व्यक्तिचित्र और ऐतिहासिक घटनाओं के चित्र तैयार किए गए थे। उस्ताद मंसूर जैसे प्रसिद्ध कलाकारों ने प्राकृतिक सौंदर्य को विस्तारपूर्वक दर्शाते चित्र बनाए थे – पशु, पक्षी, अनूठे पौधे और फूल, इत्यादि।

होली खेलते हुए बादशाह जहाँगीर

ऊँटों की लड़ाई, महाराष्ट्र, जहाँगीर का शासनकाल

16वीं शताब्दी ईसवी, हुमायूँ ने फ़ारसी कलाकारों को भारत आमंत्रित किया
1590 ईसवी, अबुल फ़ज़ल ने *अकबरनामा* लिखा
1680 ईसवी, औरंगज़ेब ने अपने दरबार से चित्रकारों को बर्ख़ास्त कर दिया
500 ईसा पूर्व
0
500 ईसवी
1000 ईसवी
1500 ईसवी
2000 ईसवी

32 लघु चित्रकला

चित्र कैसे बनाए जाते थे
अच्छी गुणवत्ता वाले कई काग़ज़ (दौलताबादी या ईरानी) एक साथ चिपकाए जाते थे और शीर्ष परत को चिकने सुलेमानी पत्थर से तब तक घिसा जाता था, जब तक कि सतह एकदम चिकनी न हो जाए। उसके बाद भारतीय लाल रंग (खड़िया) में गोंद मिलाए बिना बाहरी रूपरेखा तैयार की जाती थी। सुधार करने के बाद, दीये की कालिख़ से अंतिम रूपरेखा बनाई जाती थी। फिर पूरे काग़ज़ पर सफ़ेद रंग की परत लगाई जाती थी और फिर रंग इस्तेमाल किए जाते थे। बॉर्डर के लिए आमतौर पर एक छिद्रित रूपरेखा इस्तेमाल की जाती थी, जिससे नीचे रखे काग़ज़ पर कोयले का चूर्ण छिड़क कर बॉर्डर बनाई जाती थी।

एक अधूरे चित्र का विवरण

लघुचित्र की बॉर्डर

विशिष्ट निपुणता
अक्सर कई कलाकार एक साथ एक चित्रकला पर काम करते थे। एक कलाकार बॉर्डर बनाने में विशेष रूप से निपुण होता था, तो दूसरा चित्र बनाने में, और प्रशिक्षु कलाकार अपने प्रशिक्षक के चित्रों में पृष्ठभूमि में रंग भरकर चित्रकला सीखते थे।

रंग
रंग 25 से अधिक विभिन्न रंजकों से तैयार किए जाते थे। कुछ रंग मुल्तानी मिट्टी जैसे खनिजों से और कुछ मेंहदी जैसे पौधों से लिए जाते थे। काग़ज़ पर रंगों को चिपकाने या लगाने के लिए उनमें कुमटिया (गम अरैबिक), चीनी या अलसी का तेल मिलाया जाता था। पुस्तकों के चित्र आकार में छोटे होते थे, उन्हें स्पष्टता से चित्रित करने के लिए गिलहरी की पूँछ या ऊँट के बालों से बने महीन ब्रश की आवश्यकता होती थी।

हिंडोला राग, 17वीं शताब्दी

2500 ईसा पूर्व | 2000 ईसा पूर्व | 1500 ईसा पूर्व | 1000 ईसा पूर्व | 500 ईसा पूर्व

पूरे देश में चित्रकला की विभिन्न शैलियाँ विद्यमान थीं। जब मुग़ल साम्राज्य का विघटन शुरू हुआ, तो इसके कलाकार काम की तलाश में दूसरे राज्यों में चले गए, और इससे भारतीय चित्रकला की कई शैलियाँ विकसित हुईं, जिनमें उनके शाही संरक्षकों के पसंदीदा विषयों और क़िस्सों का चित्रण किया जाता था।

होली मनाते हुए कृष्ण और राधा, कांगड़ा शैली, 18वीं शताब्दी

बसोहली के कलाकार चित्रों में आभूषणों को चित्रित करने के लिए भृंग-पंखों (बीटल विंग्स) के झिलमिलाते हरे-बैंगनी रंग के कारण उनका इस्तेमाल करते थे।

राधा और कृष्ण, बसोहली शैली का एक चित्र, 18वीं शताब्दी

गोपियों को अजगर से बचाते हुए कृष्ण, पहाड़ी शैली, 18वीं शताब्दी

1560-1850 ईसवी, दक्खिनी चित्रकला फली-फूली

1660-1850 ईसवी, बसोहली शैली

1720-1850 ईसवी, किशनगढ़ शैली

1760-1850 ईसवी, कांगड़ा शैली

500 ईसा पूर्व | 0 | 500 ईसवी | 1000 ईसवी | 1500 ईसवी | 2000 ईसवी

33 सिख गुरु

सिख धर्म के दस गुरु

गुरु नानक की जीवनगाथा

गुरु नानक का जन्म पाकिस्तान के तलवंडी (जिसे अब ननकाना साहिब कहा जाता है) में एक हिंदू परिवार में हुआ था। वह बचपन से ही बहुत जिज्ञासु थे। शादी के बाद उनके दो बेटे हुए, और कई वर्षों तक उन्होंने एक स्टोरकीपर (मोड़ी) के रूप में काम किया। जब उनके अंदर आध्यात्मिक चिंतन प्रबल हुआ, तो उन्होंने अपना काम छोड़ दिया और उस समय के महत्त्वपूर्ण धार्मिक केंद्रों की यात्रा पर निकल गए।

उपदेश

"किसे बुरा कहा जा सकता है, किसे अच्छा कहा जा सकता है? हम सभी के भीतर एक ही ईश्वर है।"

गुरु नानक

गुरु नानक सभी लोगों के बीच भाईचारे में विश्वास करते थे।

स्वर्ण मंदिर के बाहर धार्मिक सामानों की एक दुकान, अमृतसर, पंजाब

सिखों की पहचान

17वीं शताब्दी में, मुग़ल बादशाह औरंगज़ेब सिख धर्म के प्रति सहिष्णु नहीं था। उसके धार्मिक उत्पीड़न का सामना करने के लिए दसवें गुरु, गोबिंद सिंह ने खालसा पंथ की स्थापना की, यह संत-सैनिकों का एक समूह था जो सिखों की रक्षा के लिए अपनी जान देने के लिए तैयार था। गुरु ने सिख पुरुषों और महिलाओं के लिए एक विशिष्ट पहचान तैयार की जिसमें पाँच क थे:

1. केश: बाल जो कभी नहीं काटे जाएंगे
2. कंघा
3. कड़ा
4. कच्छा
5. कृपाण

2500 ईसा पूर्व | 2000 ईसा पूर्व | 1500 ईसा पूर्व | 1000 ईसा पूर्व | 500 ईसा पूर्व

गुरु नानक (1469-1538) द्वारा स्थापित सिख धर्म दुनिया के सबसे नए धर्मों में से एक है। यह धर्म पंजाब में शुरू हुआ था, जिसमें कभी भारत और पाकिस्तान, दोनों के क्षेत्र शामिल थे। गुरु नानक के बाद नौ गुरु और हुए, सभी ने अपने अनुयायियों को मेहनती और एक दूसरे के प्रति दयावान होने की शिक्षा दी।

गुरु ग्रंथ साहिब का पाठ, स्वर्ण मंदिर, अमृतसर, पंजाब

गुरु ग्रंथ साहिब

गुरु ग्रंथ साहिब को अंतिम गुरु माना जाता है - जो सिखों के लिए परम पूज्य है। इसमें सिख गुरुओं की शिक्षाओं के साथ-साथ मुस्लिम और हिंदू संत-कवियों के दोहे भी शामिल हैं, जैसे कबीर और नामदेव आदि। ग्रंथ साहिब का सबसे पहली बार संकलन 1604 में पाँचवें गुरु, अर्जन देव द्वारा किया गया था, यह गुरुमुखी लिपि में है और इसमें 1,430 से अधिक पृष्ठ हैं।

गुरुद्वारे की रसोई में काम करते कर सेवक

कर सेवा गुरुद्वारे में किए जाने वाले किसी भी कार्य में स्वैच्छिक शारीरिक श्रम के योगदान को कहते हैं। 26 मार्च 2004 को हज़ारों लोगों ने स्वेच्छा से स्वर्ण मंदिर के पवित्र सरोवर की सफ़ाई की थी। यह कर सेवा 31 साल बाद हुई थी।

गुरु रामदास के पास पहुँचे बादशाह अकबर और उनके सामंत भोजन करते हुए

1469 ईसवी, गुरु नानक का जन्म

1606 ईसवी, जहाँगीर ने गुरु अर्जन देव को फांसी देने का आदेश दिया

1699 ईसवी, गुरु गोबिंद सिंह ने खालसा पंथ की स्थापना की

500 ईसा पूर्व | 0 | 500 ईसवी | 1000 ईसवी | 1500 ईसवी | 2000 ईसवी

34 गुरुद्वारा

गुरु ग्रंथ साहिब की पूजा, स्वर्ण मंदिर, अमृतसर

सम्मान देना

लोग अपने जूते उतारते हैं, सिर ढँकते हैं और स्नान के बाद सरोवर की प्रदक्षिणा या परिक्रमा करते हैं। फिर वे गुरु ग्रंथ साहिब को प्रणाम करने के लिए गुरुद्वारे में प्रवेश करते हैं, जो एक ऊँचे मंच पर स्थापित होता है जिसके ऊपर एक रत्नजड़ित छत्र लगा होता है।

स्वर्ण मंदिर के गलियारे में चलते हुए तीर्थयात्री

दीपावली पर जगमगाता स्वर्ण मंदिर

उत्सव और आश्रय का स्थल

गुरुद्वारा शादियों, त्यौहारों के समारोहों के साथ-साथ ग़रीबों के लिए शिक्षा और आश्रय का स्थल भी है। बैसाखी का त्यौहार रबी की फ़सल की कटाई के अवसर पर मनाया जाता है, इस दिन नववर्ष की शुरुआत होती है। होली ग्रीष्म ऋतु की शुरुआत का प्रतीक है, इसे धूमधाम से संगीत और भांगड़ा नृत्य के साथ मनाया जाता है।

गुरुपरब गुरुओं की याद में मनाए जाने वाले त्यौहार हैं। गुरु नानक जयंती कार्तिक पूर्णिमा के दिन पूरे विश्व के गुरुद्वारों में मनाई जाती है, जो आमतौर पर नवंबर में पड़ती है।

2500 ईसा पूर्व | 2000 ईसा पूर्व | 1500 ईसा पूर्व | 1000 ईसा पूर्व | 500 ईसा पूर्व

गुरुद्वारा गुरु का घर होता है, जहाँ पवित्र गुरु ग्रंथ साहिब को रखा जाता है। अनेक स्थानों पर गुरुद्वारों का निर्माण किसी विशेष अवसर के उपलक्ष्य में किया गया था, जैसे कि पाकिस्तान में स्थित ननकाना साहिब, गुरु नानक के जन्म स्थान को सम्मान देने के लिए बनाया गया था।

हरमंदिर साहिब

अमृतसर में स्थित हरमंदिर साहिब या स्वर्ण मंदिर सिख समुदाय के लिए सबसे पवित्र स्थान है। यहाँ सभी धर्मों के लोग आते हैं। यह ख़ूबसूरत इमारत चारों ओर से एक दीवार से घिरी हुई है, जिसमें चार प्रवेश द्वार हैं – उत्तर, दक्षिण, पूर्व और पश्चिम दिशाओं में। बीच में एक सरोवर या अमृत सागर है, जहाँ लोग प्रार्थना से पहले स्नान करते हैं या हाथ-मुँह धोते हैं। गुरुद्वारा सरोवर के बीच में स्थित है, जो स्वर्ण-मंडित है, उस तक पहुँचने के लिए एक गलियारा बना हुआ है।

स्वर्ण मंदिर, अमृतसर, पंजाब

अलंकरण और डिज़ाइन

गुरुद्वारे का डिज़ाइन अन्य धार्मिक इमारतों से प्रभावित है। इसका सुंदर स्वर्ण गुंबद इस्लामी शैली से प्रेरित है, तो कमल का डिज़ाइन और सजावट हिंदू मंदिरों से। पंजाब के महाराजा रणजीत सिंह ने स्वर्ण मंदिर को सोने के फ़लकों, पच्चीकारी और पुष्प नक़्क़ाशी से अलंकृत करने के लिए कलाकारों और चित्रकारों को आमंत्रित किया था। स्वर्ण गुंबद वाली इस इमारत के अंदर एक केंद्रीय कक्ष है, जहाँ हर दिन गुरु ग्रंथ साहिब को रखा जाता है। इस कक्ष में ग्रंथी गुरु ग्रंथ साहिब का संगीतमय पाठ करते हैं और श्रद्धालु प्रार्थना करने के लिए इकट्ठा होते हैं।

चित्रित छत, स्वर्ण मंदिर, अमृतसर

समभाव से सेवा

गुरु का लंगर गुरुद्वारे की निःशुल्क रसोई है, जहाँ सभी वर्गों के लोग एक साथ बैठकर खाते हैं, जो भाईचारे और समानता के बंधन को मज़बूत करता है।

1799 ईसवी, रणजीत सिंह सिखों के सबसे शक्तिशाली शासक के रूप में उभरे

1588 ईसवी, गुरु अर्जन देव ने हरमंदिर साहिब, अमृतसर का निर्माण करवाया

500 ईसा पूर्व | 0 | 500 ईसवी | 1000 ईसवी | 1500 ईसवी | 2000 ईसवी

35 अटल क़िले

जैसलमेर का क़िला, राजस्थान

थार मरुस्थल के मध्य में स्थित जैसलमेर का क़िला 800 वर्ष से भी अधिक पुराना है। यह भारत के सबसे पुराने बचे हुए क़िलों में से एक है।

विश्व विरासत स्थल

विश्व विरासत स्थल

लाल क़िला दिल्ली

मुग़ल बादशाह शाहजहाँ ने यमुना नदी के पश्चिमी तट पर इस आकर्षक क़िले का निर्माण करवाया था।

ग्वालियर क़िला, मध्य प्रदेश

ग्वालियर का क़िला भारत के सबसे प्राचीन क़िलों और महलों में से एक है। यह एक बलुआ पत्थर पहाड़ी पर ऊँचाई पर स्थित है।

विजयदुर्ग क़िला, महाराष्ट्र

पश्चिमी तट पर स्थित, 17वीं शताब्दी का यह क़िला मराठा शासकों के लिए नौसेना केंद्र था।

गोलकोंडा क़िला, आंध्र प्रदेश

इस क़िले से 16वीं शताब्दी के, दक्खिन के साम्राज्यों के वैभव का पता चलता है।

2500 ईसा पूर्व | 2000 ईसा पूर्व | 1500 ईसा पूर्व | 1000 ईसा पूर्व | 500 ईसा पूर्व

क़िलों का निर्माण कैसे और कहाँ किया जाए, इस पर प्राचीन ग्रंथों में विशिष्ट दिशा-निर्देश दिए गए हैं। क़िलों का निर्माण शत्रु के आक्रमण और जंगली जानवरों से प्रजा की सुरक्षा के लिए किया जाता था। क़िलों का उपयोग राजपरिवारों के निवास के रूप में भी किया जाता था। कभी-कभी, एक क़िले की दीवारों के भीतर संपूर्ण नगर पनप जाता था।

कांगड़ा क़िला, हिमाचल प्रदेश

कांगड़ा क़िला सुरम्य कांगड़ा घाटी में 615 मीटर की ऊँचाई पर स्थित है।

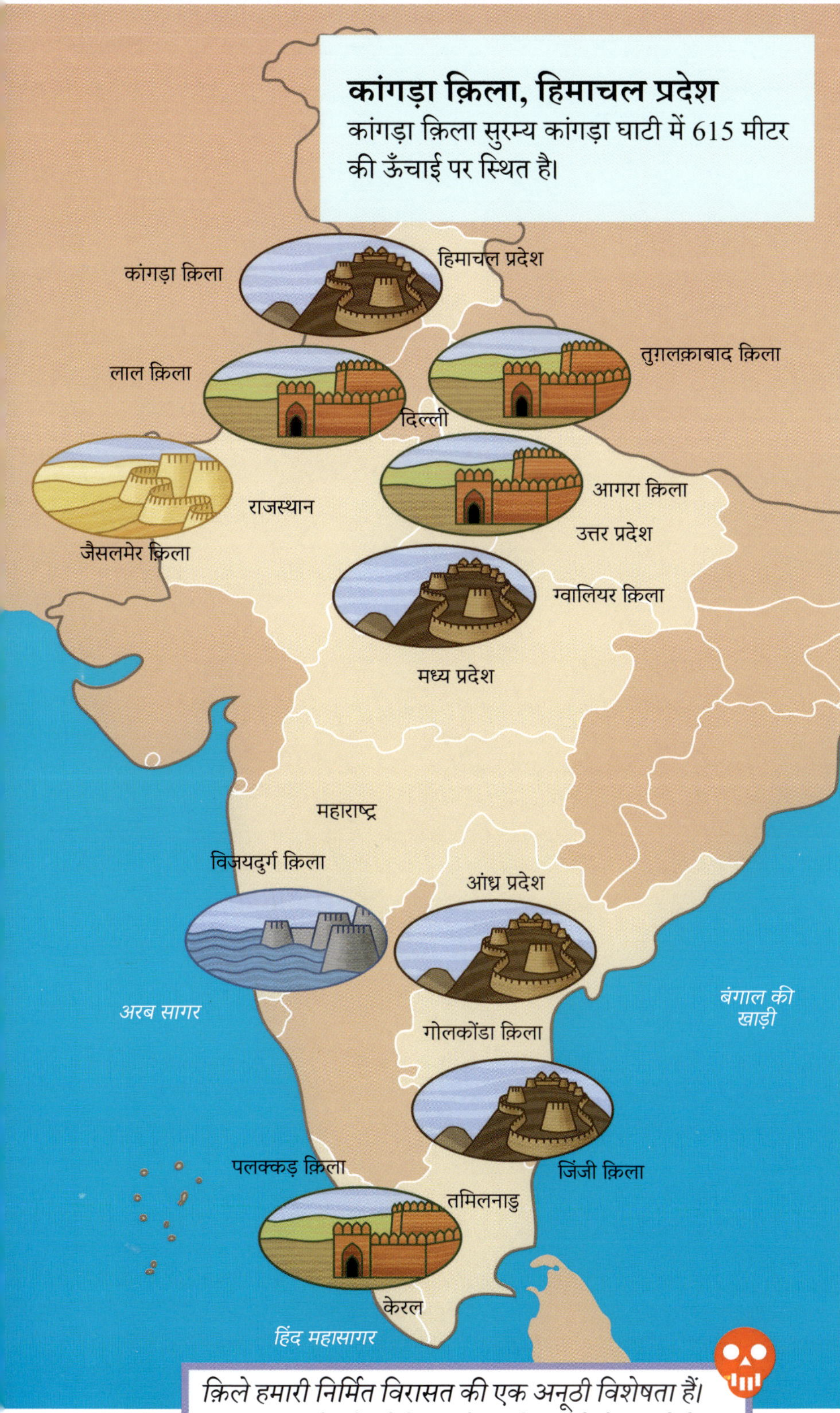

आगरा का क़िला, उत्तर प्रदेश

इस क़िले को मुग़ल बादशाह अकबर ने 16वीं शताब्दी में जिस स्थान पर बनवाया था, उस पर मूल रूप से लोदी वंश का क़ब्ज़ा था।

तुग़लक़ाबाद क़िला, दिल्ली

14वीं शताब्दी का यह क़िला आज खंडित अवस्था में है, और दिल्ली सल्तनत के तुग़लक़ वंश की याद दिलाता है।

जिंजी क़िला, तमिलनाडु

9वीं शताब्दी का यह क़िला चोल वंश का था, बाद में विजयनगर के राजाओं ने इसका विस्तार किया।

पलक्कड़ क़िला, केरल

पलक्कड़ शहर में स्थित 18वीं शताब्दी का यह ग्रेनाइट क़िला, केरल के सबसे सुसंरक्षित क़िलों में से एक है।

अटल क़िले

क़िले हमारी निर्मित विरासत की एक अनूठी विशेषता हैं। इन संरचनाओं को उपेक्षित और खंडित होने से बचाने के लिए हम क्या कर सकते हैं?

1751 ईसवी, मराठों का उदय - जो महान क़िला निर्माता थे

500 ईसा पूर्व | 0 | 500 ईसवी | 1000 ईसवी | 1500 ईसवी | 2000 ईसवी

36 क़िले के हिस्से

एक मज़बूत क़िले की विशेषताएं

ठोस और ऊँची **दीवारें** ताकि दुश्मन क़िले की चढ़ाई न कर सकें।

क़िले के चारों ओर पानी से भरी एक **खाई**, ताकि दुश्मन आसानी से दीवारों पर न चढ़ सके। पानी में दुश्मन को घुसने से रोकने के लिए मगरमच्छ!

भारी और ठोस दरवाज़ों वाला **प्रवेशद्वार**, आमतौर पर कील लगे हुए दरवाज़े, ताकि हाथी उन्हें गिरा न सकें।

प्रवेशद्वार के ऊपर एक **भट्ठा** ताकि क़िले में प्रवेश करने वाले दुश्मन पर गर्म तेल उड़ेला जा सके।

बचने के लिए सुरक्षित **सुरंग**।

राज्य के खज़ाने को छिपाने के लिए एक सुरक्षित **ख़ज़ाना**।

क़िले शाही महलों और उनके ख़ज़ानों की रक्षा के लिए बनाए गए थे। प्रारंभिक क़िले मिट्टी के बने होते थे, लेकिन बाद में राजधानी के चारों ओर विशाल पत्थर के क़िले और प्रवेशद्वार बनाए जाने लगे, जिससे उनका स्वरूप भव्य और विकराल लगने लगा था।

क़िले की दीवारों पर **संकरे खुले स्थान**, ताकि सैनिक बिना घायल हुए शत्रु पर हमला कर सकें।

क़िला बनाने के लिए रणनीतिक स्थान

- किसी पहाड़ी की चोटी पर, ताकि चढ़ाई कर रहे शत्रु को देखा जा सके
- नदी या जल स्रोत के पास, ताकि जब शत्रु नदी पार करने में व्यस्त हो, तो उस पर आक्रमण किया जा सके
- तट या समुद्र के किनारे, ताकि खुले समुद्र में शत्रु को दूर तक देखा जा सके

राजपरिवार के लिए आरामदायक **महल**, **पूजा स्थल**, सैनिकों, कर्मचारियों के लिए **बैरकें** और हाथी-घोड़ों के लिए **अस्तबल**।

क़िले के अंदर पानी के विशाल भंडार वाले **ताल**, और भोजन के लिए **अन्न भंडार** ताकि अगर क़िले को घेर लिया जाए, तो आत्मसमर्पण किए बिना लोग वर्षों तक जीवित रह सकें।

37 राजसी आवास

शीश महल, आमेर का क़िला, जयपुर, राजस्थान

लाल क़िले की निर्माण योजना, पुरानी दिल्ली

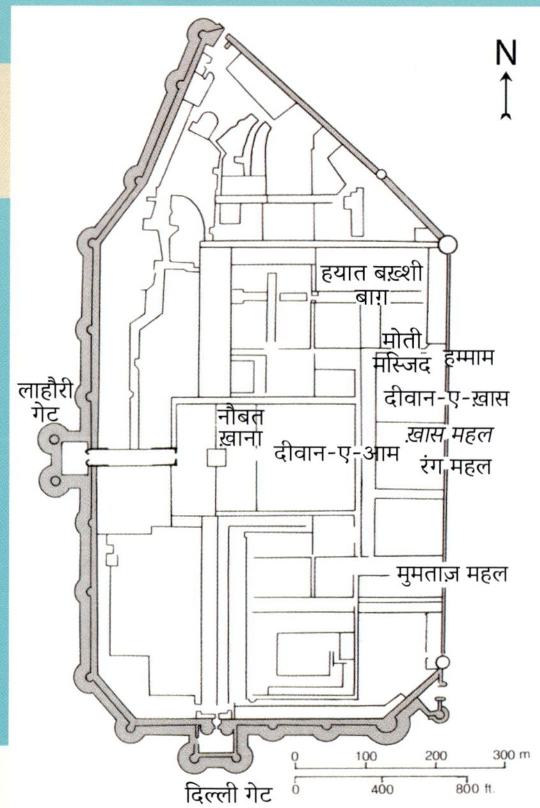

शीश महल

छत पर अनेकानेक दर्पण लगाए गए थे जिनमें नीचे रखे तेल के दीपकों के प्रतिबिंब झलकते थे, जिससे शीश महल सितारों से भरे आकाश की तरह जगमगाता था। यहाँ राजा अपने परिवार और मित्रों के साथ संगीत और बातचीत का आनंद लेते थे।

मैदान या परेड ग्राउंड

मैदानों का इस्तेमाल उत्सवों के आयोजन, हाथियों और ऊँटों की लड़ाइयों, खेल आयोजनों और परेडों के लिए किया जाता था।

दीवान-ए-आम, लाल क़िला, पुरानी दिल्ली

दीवान-ए-आम

दीवान-ए-आम सार्वजानिक सभाओं का कक्ष था, जहाँ शाही आगंतुक और राजदूत निर्धारित दिनों और समय पर बादशाह से मिलने के लिए आते थे, उपहार पेश करते थे और अपनी दरख़ास्त रखते थे। आम प्रजा बादशाह के सामने, बहुत कम, मात्र किसी विवाद की स्थिति में निर्णय सुनने और उसके अमल के लिए आती थी!

2500 ईसा पूर्व | 2000 ईसा पूर्व | 1500 ईसा पूर्व | 1000 ईसा पूर्व | 500 ईसा पूर्व

भारतीय राजघरानों ने अनूठी शैली के और सौंदर्यपूर्ण महलों का निर्माण किया है। महल में निजी और सार्वजनिक स्थानों के बीच स्पष्ट सीमांकन होता था। महिलाओं के लिए, मेहमानों के मनोरंजन के लिए, और राजा और उसकी गतिविधियों के लिए आमतौर पर विशेष क्षेत्र निर्धारित होते थे।

दीवान-ए-ख़ास

दीवान-ए-ख़ास में बादशाह अपने परिवार के सदस्यों से मिलता था।

शाही हम्माम

महल में नहाने के लिए हम्माम होते थे। लकड़ी के चूल्हों पर पानी को गर्म करके पाइपों के माध्यम से महल के अंदर बने तरणतालों और सरोवरों में पहुँचाया जाता था।

दीवान-ए-ख़ास, सिटी पैलेस, जयपुर, राजस्थान

मेहरानगढ़ क़िले का आंतरिक भाग, जोधपुर, राजस्थान

आंतरिक सज्जा

चित्रों से हमें पता चलता है कि महल के अंदरूनी हिस्सों में ज़्यादा फ़र्नीचर नहीं होते थे, बल्कि शानदार क़ालीन, मसनद, तकिये और परदे होते थे। मौसम के आधार पर, राजमहल के लोग अपना समय अंदर या बाहर बिताया करते थे, सर्दियों की धूप और गर्माहट के लिए बाहर और गर्मी की दोपहरियों में धूप से बचने के लिए अंदर। महल के भीतर, खुले आँगनों और निजी बाग़ों का उपयोग खेलने, मनोरंजन और त्यौहार मनाने के लिए किया जाता था।

सिटी पैलेस का चित्र, जयपुर, राजस्थान

राजकुमार और राजकुमारी, चौमहल्ला महल, हैदराबाद

1900 ईसवी, सिटी पैलेस, जयपुर
1639 ईसवी, लाल क़िला, पुरानी दिल्ली
1592 ईसवी, आमेर का क़िला, जयपुर
1499 ईसवी, मेहरानगढ़ क़िला, जोधपुर

500 ईसा पूर्व | 0 | 500 ईसवी | 1000 ईसवी | 1500 ईसवी | 2000 ईसवी

38 आकर बसे बाहरी व्यापारी

फ़ोर्ट विलियम, कलकत्ता (कोलकाता)

फ़ोर्ट विलियम ब्रिटिश भारत की सबसे प्रभावशाली इमारतों में से एक है, और अभी भारतीय सेना की संपत्ति है। दरअसल फ़ोर्ट विलियम दो थे, पुराना और नया। पुराना फ़ोर्ट विलियम ईस्ट इंडिया कंपनी के शुरुआती दिनों में मौजूद था। सर चार्ल्स आइरे ने सबसे पहले इस क़िले का निर्माण शुरू किया था, और उनके उत्तराधिकारी जॉन बियर्ड ने इसकी संरचना को विस्तार दिया था। इसका निर्माण 1702 में पूरा हुआ था, और इसका नाम इंग्लैंड के राजा, विलियम के नाम पर रखा गया था।

वाणिज्य केंद्र

उस काल में व्यापारी अपने परिवारों को भारत नहीं लाते थे, इसलिए जो इमारतें बनाई गई थीं, वे कार्यात्मक प्रयोजन की थीं, जैसे गोदाम, बर्फ़ कारख़ाने, क़िले और सैन्य बैरकें, सैनिकों के लिए आवास, और शासन तथा चर्च के प्रयोजनों के लिए अन्य इमारतें।

रेजीडेंसी, लखनऊ, उ.प्र.

राइटर्स बिल्डिंग, कलकत्ता (कोलकाता)

यह इमारत ईस्ट इंडिया कंपनी के कनिष्ठ अधिकारियों के रहने के लिए 1776 और 1780 के बीच निर्मित की गई थी। इस अवधि की सबसे भव्य सार्वजनिक इमारतों में से एक, राइटर्स बिल्डिंग आज पश्चिम बंगाल प्रांत का प्रशासनिक केंद्र है। मुख्यमंत्री का कार्यालय भी इसी इमारत में है।

फ़ोर्ट सेंट जॉर्ज, मद्रास (चेन्नई)

फ़ोर्ट सेंट जॉर्ज सैन्य छावनी था। इसमें चर्च ऑफ़ सेंट मैरी (1678-1680) की इमारत है, जो भारत के सबसे पुराने चर्चों में से एक है। आज, यहाँ तमिलनाडु की विधानसभा का कार्यालय है। इसमें इस अवधि के दस्तावेज़ों और चित्रों का एक दिलचस्प संग्रहालय है।

2500 ईसा पूर्व | 2000 ईसा पूर्व | 1500 ईसा पूर्व | 1000 ईसा पूर्व | 500 ईसा पूर्व

16वीं शताब्दी में मुग़ल शासन के दौरान यूरोपीय व्यापारी और राजदूत व्यापारिक संपर्क स्थापित करने के लिए भारतीय उपमहाद्वीप पहुँचने लगे थे। पुर्तगाली गोवा और केरल में, फ़्रांसीसी दक्षिण में, और अंग्रेज़ सूरत, बॉम्बे, कलकत्ता और मद्रास में बसने लगे थे। विदेशी निवेशक यूरोप को माल निर्यात करते थे, जिसके लिए राजसत्ता ने उन्हें भारत में वाणिज्य केंद्र और माल के भंडारण हेतु गोदाम स्थापित करने की अनुमति दी थी।

शक्ति का स्थानांतरण

जब मुग़ल राजवंश की सत्ता क्षीण हो रही थी, तब ब्रिटिश ईस्ट इंडिया कंपनी अपने व्यापारिक सौदों के माध्यम से भारत के विभिन्न हिस्सों पर क़ब्ज़ा कर रही थी। 1799 में मैसूर के टीपू सुल्तान की हार के साथ, अंग्रेज़ भारत में सबसे शक्तिशाली राजनीतिक और सैन्य ताकत बन गए थे।

बुलबुल, कंपनी चित्रकला

पन्ना महल, पन्ना, म.प्र.

कंपनी चित्रकला

अंग्रेज़ों ने व्यापारिक उद्देश्यों के लिए ईस्ट इंडिया कंपनी की स्थापना की थी। 18वीं शताब्दी के उत्तरार्ध और 19 शताब्दी की शुरुआत में कंपनी ने भारत के विभिन्न पहलुओं को चित्रित करने के लिए कलाकारों को नियुक्त किया था: यहाँ के लोग, दैनंदिन जीवन और प्राकृतिक इतिहास आदि। इन चित्रों को कंपनी चित्रकला के रूप में जाना जाता था।

यूरोप से प्रेरित

भारत की कलाओं पर यूरोपीय प्रभाव, शाही महलों की वास्तुकला और भारतीय राजघरानों के फैशन के माध्यम से देखा जा सकता है। इस काल के भारतीय महल यूरोप से ख़रीदी गई अच्छी और ख़राब, दोनों प्रकार की कलाकृतियों से भरे हुए थे।

गोवा के चर्च

16वीं शताब्दी में, जब पुर्तगालियों के साथ पुर्तगाल से पादरी भारत आए, तो गोवा में स्वर्ण अलंकरण और चित्रित मूर्तियों वाले चर्चों का निर्माण किया गया। इन चर्चों में से एक, बेसिलिका ऑफ़ बॉम जीसस में सेंट फ़्रांसिस जेवियर का नश्वर शरीर संरक्षित रखा है, जो 16वीं शताब्दी में एशिया में काम करने वाले एक अग्रणी ईसाई मिशनरी थी। उनकी पुण्यतिथि पर, हर 10 साल में उनके अवशेष जनता के दर्शन हेतु प्रदर्शित किए जाते हैं।

बेसिलिका ऑफ़ बॉम जीसस, गोवा

विश्व विरासत स्थल

सेंट फ़्रांसिस जेवियर के संरक्षित अवशेष वाला ताबूत, गोवा

1600 ईसवी, ब्रिटिश ईस्ट इंडिया कंपनी की स्थापना हुई

1510 ईसवी, पुर्तगालियों ने गोवा पर क़ब्ज़ा किया

1498 ईसवी, पुर्तगाली नाविक, वास्को डी गामा ने यूरोप से भारत के लिए समुद्री मार्ग की खोज की

1761 ईसवी, सेंट थॉमस, कलकत्ता के पहले चर्च का निर्माण हुआ

500 ईसा पूर्व | 0 | 500 ईसवी | 1000 ईसवी | 1500 ईसवी | 2000 ईसवी

39 उपनिवेश की स्थापना

सुरुचिपूर्ण जीवन

समय के साथ अंग्रेज़ों ने भारत में अपनी जड़ें मज़बूत कर लीं, वे अपने परिवारों को भी इंग्लैंड से ले आए। अंग्रेज़ महिलाएँ भारत में अपने साथ अपनी अंग्रेज़ी जीवनशैली, फूलों का ज्ञान, नवीनतम फ़ैशन और कला लेकर आईं, ताकि वे यहाँ घर जैसा महसूस कर सकें।

ब्रिटिश बंगले

अंग्रेज़ आमतौर पर बड़े-बड़े बंगलों में रहते थे और घर के काम करने के लिए उनके मातहत बहुत से सेवक होते थे।

विक्टोरिया मेमोरियल, कलकत्ता (कोलकाता)

जनवरी 1901 में महारानी विक्टोरिया की मृत्यु पर, भारत के तत्कालीन वायसराय लॉर्ड कर्ज़न ने विक्टोरिया मेमोरियल के निर्माण का सुझाव दिया। आज, इस स्मारक में ब्रिटिश काल की तस्वीरों, नक्शों, चित्रों और मूर्तियों का एक अद्भुत संग्रह है, साथ ही साथ कोलकाता के इतिहास पर एक स्थायी प्रदर्शनी भी है।

2500 ईसा पूर्व | 2000 ईसा पूर्व | 1500 ईसा पूर्व | 1000 ईसा पूर्व | 500 ईसा पूर्व

1857 के विद्रोह के बाद, अंग्रेज़ों ने भारतीय भूभाग का प्रशासनिक नियंत्रण अपने हाथ में लेने का निर्णय लिया, और पूरे देश में अपना साम्राज्य स्थापित करने के लिए मद्रास, कलकत्ता और बॉम्बे, साथ ही कई छोटे शहरों में भी बड़ी इमारतों का निर्माण किया।

विक्टोरिया टर्मिनस, बॉम्बे (छत्रपति शिवाजी टर्मिनस, मुंबई)

भव्य रेलवे स्टेशन, जैसे विक्टोरिया टर्मिनस (वी. टी.) रेलवे स्टेशन बनाए गए थे, जो लंदन के सेंट पैनक्रास स्टेशन की तर्ज पर था। वी. टी. का निर्माण एक अंग्रेज़ वास्तुकार, फ्रेडरिक विलियम्स स्टीवंस ने किया था, निर्माण कार्य 1878 में शुरू हुआ था और 10 वर्षों की अवधि में पूरा हुआ था। उन्होंने पीले बलुआ पत्थर और धूसर ग्रेनाइट की एक शानदार इमारत का निर्माण किया जिसमें ऊँचे मेहराब और चित्रित शीशे की खिड़कियाँ थीं। रेलवे स्टेशन का नाम महारानी विक्टोरिया के सम्मान में रखा गया था। यहीं से भारत का पहला भाप इंजन लगभग 45 किलोमीटर दूर स्थित, थाणे तक चला था।

विक्टोरिया टर्मिनस को 2004 में यूनेस्को ने विश्व विरासत स्थल घोषित किया था।

ब्रिटिश भारत की सबसे बड़ी देन

रेलवे के निर्माण से भारत में परिवहन और प्रौद्योगिकी में एक महत्त्वपूर्ण नवाचार शुरू हुआ। पूरे भारत में रेलवे लाइनें बिछाई गईं, यहाँ तक कि उन हिल स्टेशनों में भी जो अन्यथा दुर्गम थे।

विश्व विरासत स्थल

मिथकीय मुख

विक्टोरिया टर्मिनस मिथकीय जीव व्यालमुख या गार्गॉयल की नक़्क़ाशी के लिए प्रसिद्ध है।

टाउन हॉल, बॉम्बे (एशियाटिक सोसाइटी, मुंबई)

टाउन हॉल अद्भुत स्तंभों वाली एक सुंदर इमारत है, जिसका निर्माण 200 साल पहले अंग्रेज़ों ने किया था। आज, इसे मुंबई एशियाटिक सोसाइटी के रूप में जाना जाता है, और यह अध्येताओं और छात्रों के लिए एक मूल्यवान संसाधन है, जिसमें 7,00,000 से अधिक दुर्लभ और प्राचीन पुस्तकों के संग्रह वाला एक पुस्तकालय और प्राचीन सिक्कों का संग्रह है।

1857 ईसवी, प्रथम स्वतंत्रता संग्राम; मेट्रो शहरों में विश्वविद्यालयों की स्थापना
1853 ईसवी, बॉम्बे-थाणे के बीच पहली रेल चली
1803 ईसवी, अंग्रेज़ों ने दिल्ली पर क़ब्ज़ा किया

500 ईसा पूर्व | 0 | 500 ईसवी | 1000 ईसवी | 1500 ईसवी | 2000 ईसवी

40 राजधानी की कहानी

गुंबद
वायसराय भवन के वास्तुकार, लुटियंस ने गुंबद का डिज़ाइन तैयार करने में लंदन, ब्रिटेन में स्थित सेंट पॉल कैथेड्रल के गुंबद और साँची स्तूप से प्रेरणा ली।

छतरी
छतरी एक गुंबददार मंडप होता है जो आमतौर पर राजस्थानी इमारतों की वास्तुकला में दिखता है, लुटियंस ने इससे भी प्रेरणा ली थी।

वास्तुकला की विशेषताएं, राष्ट्रपति भवन, नई दिल्ली

छज्जा
छज्जा मुग़ल इमारतों में आमतौर पर होता है, लुटियंस के डिज़ाइन में यह भी दिखता है। छज्जा इमारत की दीवारों और खिड़कियों को तेज़ धूप के साथ-साथ बरसात और तेज़ हवाओं से भी बचाता है।

ज्यामिति से प्रेम
नई राजधानी की निर्माण योजना के वास्तुकारों को ज्यामितीय आकृतियों का उपयोग करना पसंद था। यदि आप नई दिल्ली की योजना को देखेंगे, तो पाएंगे कि विभिन्न ज्यामितीय आकृतियों जैसे षट्भुज और त्रिभुज का उपयोग किया गया है।

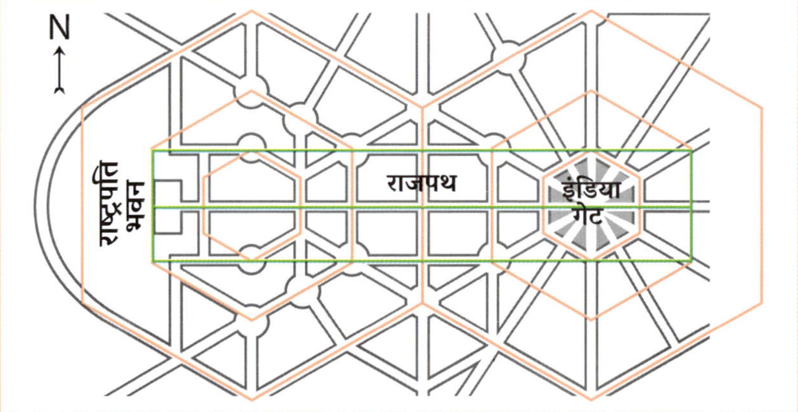

नई दिल्ली की निर्माण योजना

त्रिभुजों से बनी एक षट्कोणीय योजना में सभी महत्त्वपूर्ण सार्वजनिक और निजी भवन और साथ ही व्यावसायिक उद्देश्यों के लिए बने भवन स्थित थे।

सेंट्रल एवेन्यू (आयताकार) जिसे किंग्सवे के नाम से जाना जाता था, अब राजपथ कहलाता है। राजपथ को एक जुलूस पथ के रूप में डिज़ाइन किया गया था जो वायसराय हाउस/राष्ट्रपति भवन (पश्चिम) को युद्ध स्मारक इंडिया गेट (पूर्व) से जोड़ता था।

क्या आपको लगता है कि हमारे शहरों के औपनिवेशिक नामों को बदलकर नए नाम रखे जाने चाहिए?

2500 ईसा पूर्व | 2000 ईसा पूर्व | 1500 ईसा पूर्व | 1000 ईसा पूर्व | 500 ईसा पूर्व

1911 में दिल्ली भारत में ब्रिटिश साम्राज्य की राजधानी बनी, न कि कलकत्ता जिसे पूर्व का लंदन कहा जाता था, और न ही बॉम्बे जो वाणिज्य और व्यापार का केंद्र था। इस विशेष समाचार की घोषणा इंग्लैंड के राजा, जॉर्ज पंचम ने अपने राज्याभिषेक में की थी, जिसे दिल्ली दरबार के रूप में जाना जाता है। शहर को बनने में 20 साल लगे और इसका उद्घाटन 1931 में हुआ।

सक्षम वास्तुकार

दो प्रमुख अंग्रेज़ वास्तुकारों, सर एडविन लुटियंस और सर हर्बर्ट बेकर को शाही राजधानी दिल्ली की डिज़ाइन और निर्माण योजना बनाने के लिए चुना गया था। उन्होंने प्राचीन भारतीय वास्तुकला के कई रूपांकनों और शैलियों का उपयोग किया।

वायसराय हाउस (राष्ट्रपति भवन)

लुटियंस ने वायसराय, जो कि इंग्लैंड के राजा का प्रतिनिधि होता था, के रहने के लिए महल जैसी भव्य इमारत डिज़ाइन की थी। यह भव्य इमारत अब राष्ट्रपति भवन कहलाती है, जहाँ भारत के राष्ट्रपति रहते हैं। लाल और बादामी बलुआ पत्थर से निर्मित इस भवन में 340 कमरे, 227 स्तंभ, 37 फव्वारे और एक सुंदर उद्यान है, जिसमें सैकड़ों प्रकार के फूल और पेड़ लगे हैं।

किंग्सवे (राजपथ)

हर साल 26 जनवरी को होने वाले गणतंत्र दिवस समारोह के दौरान राजपथ जीवंत हो उठता है। इस समारोह में राष्ट्रपति, अन्य गणमान्य व्यक्ति और आम दर्शक उपस्थित रहते हैं, जिनके सामने से होकर राजपथ पर एक प्रभावशाली सैन्य परेड, स्कूली बच्चों के रंगारंग प्रदर्शन और विभिन्न प्रांतों की झाँकियाँ गुजरती हैं।

शहीद स्मारक

अखिल भारतीय युद्ध स्मारक, जिसे इंडिया गेट के नाम से जाना जाता है, उन 90,000 भारतीय सैनिकों की स्मृति में बनाया गया था जो अंग्रेज़ों की तरफ़ से लड़ते हुए अनेक युद्धों के दौरान शहीद हुए थे। इस स्मारक में अज्ञात सैनिकों के प्रति श्रद्धांजलि स्वरूप अमर जवान ज्योति जलती थी।

1933 ईसवी, कनॉट प्लेस, नई दिल्ली
1931 ईसवी, नई दिल्ली का उद्घाटन किया गया
1921 ईसवी, इंडिया गेट, नई दिल्ली
1913 ईसवी, नई दिल्ली में वायसराय हाउस डिज़ाइन करने के लिए लुटियंस को नियुक्त किया गया

500 ईसा पूर्व | 0 | 500 ईसवी | 1000 ईसवी | 1500 ईसवी | 2000 ईसवी

41 नई सामग्री - नए विचार

कोवासजी जहाँगीर हॉल, बॉम्बे (मुंबई)
निर्माण: 1911; पुनर्रचना: 1996
वास्तुकार: जॉर्ज विटेट और पुनर्रचना: रोमी खोसला

कोवासजी जहाँगीर हॉल, मूल रूप से विज्ञान संस्थान का एक हिस्सा है, जिसे 1911 में एक ब्रिटिश वास्तुकार, जॉर्ज विटेट ने बनाया था, जिसके लिए सर कोवासजी जहाँगीर ने 4,00,000 रु. की दानराशि दी थी। 1996 में, हॉल को आधुनिक कला संग्रहालय (नेशनल गैलरी ऑफ़ मॉडर्न आर्ट) बना दिया गया, जिसमें चित्रों और अन्य कलाकृतियों के प्रदर्शन के लिए दीर्घा तलों का अद्भुत विभाजन किया गया है।

गेटवे ऑफ़ इंडिया, बॉम्बे (मुंबई)
निर्माण: 1924
वास्तुकार: जॉर्ज विटेट

यह मुंबई की सबसे प्रसिद्ध पहचान है जो बिलकुल समुद्रतट पर निर्मित है। इसे 1911 में दिल्ली दरबार में भाग लेने आए ब्रिटेन के राजा और रानी, जॉर्ज पंचम और मैरी की मुंबई यात्रा के सम्मान में बनाया गया था। इस आकर्षक मेहराब के पीछे, समुद्र की ओर उतरती सीढ़ियाँ हैं, जहाँ से आगंतुक शहर की समुद्री यात्रा करने के लिए क्रूज़ में बैठ सकते हैं।

यूँ तो स्वतंत्रता के पश्चात् भारत ने काफ़ी तरक़्क़ी की है, लेकिन अभी भी बहुत कुछ किया जाना बाक़ी है। अभी भी सभी भारतीय नागरिकों को अच्छी सड़क सुविधा, स्वच्छ पानी, समुचित आवास और स्वस्थ पर्यावरण प्रदान करने की आवश्यकता है।

भारतीय प्रबंधन संस्थान (आईआईएम), बैंगलोर
निर्माण: 1973
वास्तुकार: बालकृष्ण दोशी

संस्थान 100 एकड़ के परिसर में बना है, जिसमें पत्थर की इमारतें हैं और विशाल खुले स्थान और प्रांगण हैं, जो पेड़ों और डिज़ाइन किए हुए सुंदर उद्यानों से घिरे हैं।

2500 ईसा पूर्व | 2000 ईसा पूर्व | 1500 ईसा पूर्व | 1000 ईसा पूर्व | 500 ईसा पूर्व

1947 में अंतिम ब्रिटिश सैनिक गेटवे ऑफ़ इंडिया से होकर देश छोड़कर गए थे। स्वतंत्रता के बाद से, वास्तुकला में स्थान और डिज़ाइन के संदर्भ में, भारतीय सोच में बहुत परिवर्तन हुए हैं। नए वास्तुकला रूपों के निर्माण में सीमेंट, कंक्रीट, काँच और स्टील जैसी नई सामग्रियों का उपयोग किया गया है। गगनचुंबी इमारतों और आधुनिक इमारतों के निर्माण के साथ हमारे शहरों का दृश्यस्वरूप हमेशा के लिए बदल गया है।

प्राचीन और नवीन के साथ प्रयोग

आज भारत में वास्तुकला के 900 से अधिक संस्थान/शालाएँ हैं, जहाँ युवा वास्तुकारों को आधुनिक निर्माण तकनीकों का प्रशिक्षण दिया जाता है। ऐसे भी कई वास्तुकार हैं जो पारंपरिक निर्माण सामग्री जैसे ईंट और मिट्टी, और प्राचीन तकनीकों और इंजीनियरिंग सिद्धांतों के साथ प्रयोग कर रहे हैं, ताकि सही मायनों में एक समकालीन भारतीय वास्तुशिल्प कोष तैयार किया जा सके, जो हमारी बदलती जलवायु और हमारी जीवनशैली के अनुकूल हो।

जवाहर कला केंद्र, जयपुर

निर्माण: 1986-92

वास्तुकार: चार्ल्स कोरिया

यह इमारत जयपुर में आधुनिक वास्तुकला के बेहतरीन उदाहरणों में से एक है। यह एक जीवंत सांस्कृतिक परिसर है, जिसमें एक एम्फीथिएटर (रंगभूमि), एक पुस्तकालय, कला स्टूडियो, प्रदर्शनी के लिए स्थान के साथ-साथ, प्रदर्शन कलाओं, शिल्प मेलों और फ़िल्म स्क्रीनिंग के लिए एक केंद्र है। यह केंद्र राजस्थानी चित्रकला और मूर्तिकला के स्थायी संग्रह के लिए भी प्रसिद्ध है।

बहाई मंदिर (लोटस टेंपल), नई दिल्ली

निर्माण: 1986

वास्तुकार: फरीबोर्ज़ सहबा, ईरानी मूल के एक कनाडाई वास्तुकार

बहाई मंदिर फ़ारस (ईरान) में उत्पन्न हुए बहाई संप्रदाय का उपासना स्थल है। यह अद्भुत संरचना सफ़ेद संगमरमर से कमल के आकार में निर्मित है, जिसमें 27 पंखुड़ियाँ हैं, संरचना 9 जलाशयों और 27 एकड़ के लॉन से घिरी हुई है। इसमें एक उपासना गृह है, जिसमें 1,300 लोगों के बैठने की जगह है, और यहाँ सभी धर्मों के लोग आ सकते हैं।

द सेंटर फ़ॉर डेवेलपमेंट स्टडीज, तिरुवनंतपुरम, केरल

विदेशी वास्तुकार

भारत में कई इमारतें और यहाँ तक कि पूरे के पूरे शहर, दुनिया के विभिन्न देशों के वास्तुकारों ने डिज़ाइन किए हैं।

ली कॉर्बूसियर	चंडीगढ़
जोसेफ़ एलन स्टीन	हैबिटेट सेंटर, नई दिल्ली
लॉरी बेकर	द सेंटर फ़ॉर डेवेलपमेंट स्टडीज़, तिरुवनंतपुरम, केरल

1980-84 ईसवी, गांधी श्रम संस्थान, बी. दोशी, अहमदाबाद
1980-82 ईसवी, एशियाई खेल गाँव, राज रेवल, नई दिल्ली
1976 ईसवी, रॉक गार्डन, नेक चंद, चंडीगढ़
1970-86 ईसवी, कंचनजंगा अपार्टमेंट्स, चार्ल्स कोरिया, मुंबई

500 ईसा पूर्व | 0 | 500 ईसवी | 1000 ईसवी | 1500 ईसवी | 2000 ईसवी

42 आधुनिक काल में कला

कला विद्यालय

भारत में कला के कई प्रसिद्ध विद्यालय और महाविद्यालय थे। कुछ अंग्रेज़ों ने स्थापित किए थे तो कुछ भारत के प्रतिष्ठित नागरिकों ने, जैसे महान दार्शनिक और कवि, रबीन्द्रनाथ ठाकुर द्वारा स्थापित शांति निकेतन, पश्चिम बंगाल।

भारतीय आधुनिक कला की जड़ें

1900 के दशक में एक प्रभावशाली कला आंदोलन हुआ था। कई बंगाली बुद्धिजीवियों और कलाकारों, जैसे रबीन्द्रनाथ ठाकुर और उनके भतीजे अबनिंद्रनाथ ने भारतीय कलाकारों को ब्रिटिश वर्चस्व और प्रभाव से मुक्त करने और नए विचार गढ़ने के लिए प्रेरित करने के उद्देश्य से बंगाल स्कूल ऑफ़ आर्ट की शुरुआत की थी। जामिनी रॉय (1887-1972) इस विचारधारा के महान कलाकारों में से एक थे।

अमृता शेरगिल की चित्रकला

जामिनी रॉय की चित्रकला

विशाल योगदान

अमृता शेरगिल (1913-1941) के पिता पंजाब से थे और उनकी माँ हंगरी की थीं। उन्होंने पेरिस में प्रशिक्षण लिया था लेकिन अपनी चित्रकला के लिए भारतीय विषयों को चुना। उनका निधन 29 वर्ष की अल्पायु में हो गया था, लेकिन भारतीय कला आंदोलन में उनका योगदान बहुत विशाल है।

बी. सी. सान्याल की चित्रकला

एस. एच. रज़ा की चित्रकला

वर्तमान काल के कलाकार

आज भारत में कला आंदोलन बहुत फल-फूल गया है। एम. एफ़ हुसैन (जन्म 1914), बी. सी. सान्याल (1902-2003), फ्रांसिस सूज़ा (1924-2004) और एस. एच. रज़ा (जन्म 1922) जैसे कलाकारों ने समकालीन कला की नींव रखी है और भावी कलाकारों को प्रेरित किया है। उनकी कला भारत के बाहर भी कला संरक्षकों के बीच लोकप्रिय है।

1947 के बाद, भारतीयों ने अपने सांस्कृतिक जीवन में नाटकीय परिवर्तन होते देखा है। नए माध्यमों और तकनीकी नवाचारों ने सिनेमा, त्रिआयामी स्थापना कला और डिजिटल फ़ोटोग्राफ़ी जैसे रोमांचक कला रूपों को जन्म दिया है जिनका उपयोग भारतीय कलाकारों द्वारा समकालीन और सार्थक कलाकृतियाँ बनाने के लिए किया जाता है। आज, भारतीय कला – प्राचीन और आधुनिक, दोनों विश्व भर में सराही जाती हैं।

इरोज़ सिनेमा, मुंबई, महाराष्ट्र

सिनेमा हॉल

भारत दुनिया के पहले फ़िल्म निर्माता देशों में से एक था। सिनेमा हॉल का निर्माण ब्रिटिश शासन के दौरान 1900 के दशक की शुरुआत में शुरू हुआ था। तब सिनेमा हॉल जाना एक शानदार दृश्य होता था, जिसके लिए लोग महँगे और सुंदर परिधान पहनते थे और वहाँ बॉलरूम नृत्य का आयोजन होता था। बॉम्बे (मुंबई) में सिनेमा हॉल जैसे मेट्रो, इरोज़ और रीगल, साथ ही कलकत्ता (कोलकाता) और मद्रास (चेन्नई) में कई सिनेमा हॉल आर्ट डेको शैली में बनाए गए थे – जिसमें ज्यामितीय डिज़ाइन, चटकीले रंग और प्लास्टिक व शीशे का उपयोग किया गया था।

सर्वप्रथम फ़िल्में

कपड़े या काग़ज़ पर बने चित्रों, कठपुतलियों, गीतों या लोककथाओं के माध्यम से कहानियाँ सुनाना एक प्राचीन भारतीय परंपरा है। 1896 में, बॉम्बे (मुंबई) के वाटसन होटल में, भारत में लोगों ने चलती-फिरती छवियों के माध्यम से कहानियाँ बताने का एक नया और रोमांचक तरीक़ा देखा। उन्होंने अपने जीवन की पहली फ़िल्म देखी, जो लुमियर ब्रदर्स द्वारा निर्मित एक विदेशी फ़िल्म थी।

फ़िल्म पोस्टर

भारत की पहली फ़ीचर फ़िल्म

1913 में, दादासाहेब फाल्के द्वारा निर्मित भारत की पहली फ़ीचर फ़िल्म, राजा हरिश्चंद्र का सार्वजानिक प्रदर्शन किया गया था। आज भारत में साल में लगभग 1,800 फ़िल्में बनती हैं!

फ़िल्म पोस्टर

आज कई कलाकारों की आर्थिक स्थिति ठीक नहीं है और उन्हें वह पहचान नहीं मिल पा रही है जिसके वे हक़दार हैं। हमें अपनी कलात्मक प्रतिभा को राष्ट्र की सांस्कृतिक संपदा मानकर उसे बढ़ावा देने की ज़रूरत है, क्योंकि एक रचनात्मक भूमि के रूप में भारत की प्रतिष्ठा उनके कंधों पर टिकी हुई है। हमें युवाओं को स्कूल में कला का अध्ययन करने के लिए प्रोत्साहित करने की आवश्यकता है, ताकि भारत कला में विशिष्ट बना रहे।

1975 ईसवी, बहुचर्चित और सफ़लतम फ़िल्म, शोले रिलीज़ हुई

1957 ईसवी, जे जे स्कूल ऑफ़ आर्ट की स्थापना

1947 ईसवी, प्रगतिशील कलाकार संघ का गठन हुआ

1935 ईसवी, जामिनी रॉय चित्रकला के लिए वायसराय पदक से सम्मानित हुए

500 ईसा पूर्व | 0 | 500 ईसा पूर्व | 1000 ईसा पूर्व | 1500 ईसा पूर्व | 2000 ईसा पूर्व

43 विश्व विरासत स्थल

1

2

3

4

5

6

7

8

9

10

11

12

13

14

15

16

17

18

19

20

21

22

23

24

1 अजंता गुफाएँ, महाराष्ट्र
2 एलोरा गुफाएँ, महाराष्ट्र
3 आगरा का क़िला, उत्तर प्रदेश
4 ताजमहल, उत्तर प्रदेश
5 सूर्य मंदिर, कोणार्क, ओडिशा
6 महाबलीपुरम स्मारक समूह, तमिलनाडु
7 गोवा के चर्च और कॉन्वेंट, गोवा
8 खजुराहो स्मारक समूह, मध्य प्रदेश
9 हम्पी स्मारक समूह, कर्नाटक
10 फतेहपुर सीकरी, आगरा के पास, उत्तर प्रदेश
11 पत्तदकल स्मारक समूह, कर्नाटक
12 एलीफेंटा गुफाएँ, मुंबई के पास, महाराष्ट्र
13 महान चोल मंदिर, तमिलनाडु
14 साँची बौद्ध स्मारक, मध्य प्रदेश
15 हुमायूँ का मक़बरा, नई दिल्ली
16 क़ुतुब मीनार और परिसर, नई दिल्ली
17 दार्जिलिंग हिमालयन रेलवे (डीएचआर) और नीलगिरि माउंटेन रेलवे, पश्चिम बंगाल और तमिलनाडु
18 महाबोधि मंदिर परिसर, बोधगया, बिहार
19 भीमबेटका शैलाश्रय, मध्य प्रदेश
20 चंपानेर-पावागढ़ पुरातत्व उद्यान, गुजरात
21 छत्रपति शिवाजी टर्मिनस (पहले विक्टोरिया टर्मिनस), मुंबई, महाराष्ट्र
22 काज़ीरंगा राष्ट्रीय उद्यान, असम
23 मानस वन्यजीव अभयारण्य, असम
24 केवलादेव राष्ट्रीय उद्यान, राजस्थान
25 सुंदरवन राष्ट्रीय उद्यान, पश्चिम बंगाल
26 नंदा देवी और फूलों की घाटी राष्ट्रीय उद्यान, उत्तराखंड
27 लाल क़िला, दिल्ली
28 जंतर-मंतर, जयपुर, राजस्थान
29 पश्चिमी घाट
30 राजस्थान के पहाड़ी क़िले
31 वृहद् हिमालय राष्ट्रीय उद्यान संरक्षण क्षेत्र, हिमाचल प्रदेश
32 रानी-की-वाव (रानी की बावड़ी) पाटन, गुजरात
33 नालंदा महाविहार पुरातत्व स्थल, नालंदा, बिहार
34 खांगचेंदज़ोंगा राष्ट्रीय उद्यान, सिक्किम
35 ली कॉर्बूसियर की वास्तुकला कृतियाँ, चंडीगढ़
36 ऐतिहासिक शहर अहमदाबाद
37 विक्टोरियन गोथिक और आर्ट डेको शैली स्थापत्य समूह, मुंबई
38 जयपुर शहर, राजस्थान
39 रामप्पा मंदिर, तेलंगाना
40 धोलावीरा, गुजरात

यूनेस्को की विश्व विरासत समिति वार्षिक रूप से पूरे विश्व के 800 से अधिक असाधारण निर्मित और प्राकृतिक स्थलों को नामांकित करती है। ये विश्व विरासत स्थल विशेष होते हैं, क्योंकि इनका महत्त्व अमूल्य है, और इनकी सुरक्षा और संरक्षण पूरे विश्व के लोगों को करनी चाहिए।

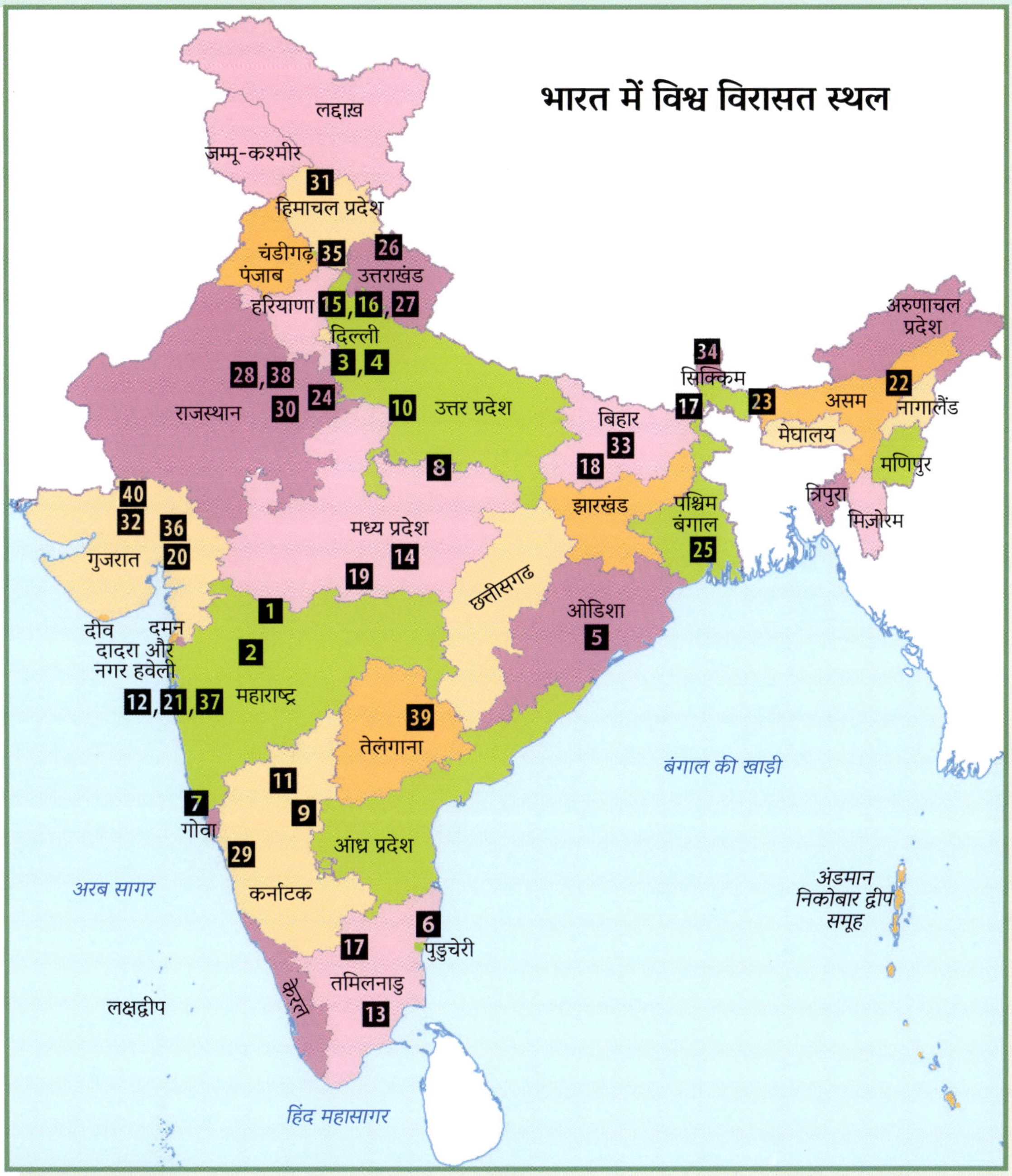

33

34

35

36

37

38

39

40

25

27

29

31

26

28

30

32

44 अपनी विरासत को बचाएँ

जंगलों की कटाई बंद करें। जहाँ भी संभव हो वहाँ पेड़ लगाएँ।

जंगली जानवरों का शिकार बंद करें।

प्राकृतिक विरासत

पहाड़, जंगल, रेगिस्तान, समुद्र, नदियाँ, झीलें, फूल, पशु और पक्षी, और साथ ही वे सब कुछ जो भारत के अनवीकरणीय अथवा सीमित संसाधन हैं।

नदियों और समुद्रों को प्रदूषित होने से रोकें।

जीवित विरासत

चित्रकार, मूर्तिकार, बुनकर, कुम्हार, लेखक, कवि, नर्तक, गायक, संगीतकार और अभिनेता आदि कलाकार।

दादा-दादी जैसे बुज़ुर्ग और पिछली पीढ़ी के लोग जिन्होंने अगली पीढ़ी को अपना कौशल सिखाया है।

एक बेहतर और उत्साहपूर्ण जीवन जीने के लिए और ऐसे वातावरण के निर्माण में मदद के लिए हमें रचनात्मक लोगों की आवश्यकता होती है। भारत के कलाकार और शिल्पकार बड़ी संख्या में आर्थिक तंगी में रहते हैं। हमें उनकी कलात्मक प्रतिभा को सहारा और बढ़ावा देना चाहिए।

हमारी विरासत एक अनमोल उपहार है, जो एक बार यदि खो जाए तो कभी वापस नहीं मिलेगी। जब आप कहते हैं, "मुझे अपने दादाजी की पॉकेट घड़ी विरासत में मिली है," तो इसका मतलब है कि आपके दादाजी ने आपको अपनी एक क़ीमती वस्तु भेंट की थी, ताकि उनके निधन के बाद आप उन्हें हमेशा याद रख सकें। उसी तरह, जब हम भारत की विरासत की बात करते हैं, तो हमारा अर्थ उन सभी चीज़ों से होता है जो हमें देशवासी होने के नाते हमारे देश ने भेंट की हैं, और जिन्हें हमारे पूर्वजों ने निर्मित या सृजित किया था।

ऐतिहासिक इमारतों को क्षतिग्रस्त और नष्ट होने से रोकें।

भारत की समृद्ध प्राकृतिक, निर्मित, जीवित, मूर्त, अमूर्त विरासत का अधिकांश हिस्सा हमारी लापरवाही के कारण विनाश की कगार पर है। हमारी साझी विरासत को सुरक्षित और संरक्षित करना प्रत्येक नागरिक का मौलिक कर्तव्य है।

निर्मित विरासत

मक़बरे, क़िले और महल, धार्मिक इमारतें, शहर, क़स्बे और गाँव।

दिल्ली में लाल क़िला जैसी ऐतिहासिक इमारतों से हमें इस बात का अनुमान लगता है कि बादशाह शाहजहाँ की जीवनशैली कैसी थी, और 400 साल पहले महलों के निर्माण में प्रयुक्त सुंदर डिज़ाइन और कौशल कैसा था।

कंदरिया महादेव मंदिर, खजुराहो, 19वीं शताब्दी की एक छवि

आपके बचपन की तस्वीरों से आप जान पाते हैं कि आप छोटे में कैसे दिखते थे और कैसी हरकतें करते थे। उसी तरह पुरानी इमारतों, मूर्तियों और चित्रों से पता चलता है कि पहले के भारत में लोग कैसे रहते थे, कैसे वस्त्र पहनते थे, किस तरह के घरों में रहते थे, और उस समय के अन्य पहलुओं की जानकारियाँ।

कंदरिया महादेव मंदिर, खजुराहो, वर्तमान समय में

तस्वीरों और रेखाचित्रों के लिए आभार

अध्याय 1: सांस्कृतिक संसाधन और प्रशिक्षण केंद्र (सीसीआरटी), फ्रेड्रिक अरविडसन (द गाइड बुक कंपनी लिमिटेड, हांगकांग)।

अध्याय 2: जीन-लुई नू (द गाइड बुक कंपनी लिमिटेड), राष्ट्रीय आधुनिक कला संग्रहालय, नई दिल्ली, सीसीआरटी।

अध्याय 3: सीसीआरटी, जीन-लुई नू, पीटर रयान, नोर्मा जोसेफ़, गेराल्ड क्यूबिट (दिस इज़ इंडिया), बिंदु मनचंदा (राजिंदर भंडारी, जैसलमेर)।

अध्याय 4: सीसीआरटी।

अध्याय 5: अनीता शर्मा, जीन-लुई नू।

अध्याय 6: गेराल्ड क्यूबिट, प्राइवेट कलेक्शन, कुलभूषण और मीनाक्षी जैन (आर्किटेक्चर ऑफ़ द इंडियन डेज़र्ट)।

अध्याय 7: राजिंदर भंडारी (बिंदु मनचंदा), कुलभूषण और मीनाक्षी जैन, गेराल्ड क्यूबिट, उज़मा मोहसिन, सीसीआरटी।

अध्याय 8: पंकज शाह, फ्रेड्रिक अरविडसन।

अध्याय 9: सीसीआरटी, जीन-लुई नू, फ्रेड्रिक अरविडसन।

अध्याय 10: सीसीआरटी, जीन-लुई नू।

अध्याय 11: सीसीआरटी, राष्ट्रीय संग्रहालय, गेराल्ड क्यूबिट।

अध्याय 12: सीसीआरटी।

अध्याय 13: सीसीआरटी, फ्रेड्रिक अरविडसन।

अध्याय 14: जीन-लुई नू, राष्ट्रीय संग्रहालय, नई दिल्ली, टोबी सिंक्लेयर।

अध्याय 15: फ्रेड्रिक अरविडसन, जीन-लुई नू, सीसीआरटी।

अध्याय 16: नेशनल बुक ट्रस्ट, जीन-लुई नू, सीसीआरटी।

अध्याय 17: फ्रेड्रिक अरविडसन, सीसीआरटी।

अध्याय 18: फ्रेड्रिक अरविडसन।

अध्याय 19: सीसीआरटी, टिम हार्वे।

अध्याय 20: रोहिणी कंधारी।

अध्याय 21: सीसीआरटी, फ्रेड्रिक अरविडसन।

अध्याय 22: सीसीआरटी, फ्रेड्रिक अरविडसन।

अध्याय 23: कमल सहाय, गेराल्ड क्यूबिट, सीसीआरटी।

अध्याय 24: फ्रेड्रिक अरविडसन, सतीश ग्रोवर (रोली बुक्स), कमल सहाय।

अध्याय 25: साइमन रेड्डी, कमल सहाय, पंकज शाह, जीन-लुई नू।

अध्याय 26: प्रिया सेन, सीसीआरटी।

अध्याय 27: सीसीआरटी, टोबी सिंक्लेयर।

अध्याय 28: सीसीआरटी, फ्रेड्रिक अरविडसन, लुसी पेक।

अध्याय 29: सीसीआरटी, फ्रेड्रिक अरविडसन, टोबी सिंक्लेयर, राष्ट्रीय संग्रहालय।

अध्याय 30: अनीता वर्मा, जीन-लुई नू, सीसीआरटी।

अध्याय 31: रामपुर रज़ा पुस्तकालय, जीन-लुई नू, राष्ट्रीय संग्रहालय।

अध्याय 32: जीन-लुई नू।

अध्याय 33: संदीप शंकर।

अध्याय 34: फ्रेड्रिक अरविडसन, संदीप शंकर।

अध्याय 35: सीसीआरटी, राजिंदर भंडारी (बिंदु मनचंदा), फ्रेड्रिक अरविडसन।

अध्याय 36: सीसीआरटी।

अध्याय 37: चौमहल्ला पैलेस, जीन-लुई नू, फ्रेड्रिक अरविडसन।

अध्याय 38: श्रमण झा (जेट विंग्स 'कोलकाता'), प्राइवेट कलेक्शन, सीसीआरटी, फ्रेड्रिक अरविडसन।

अध्याय 39: प्राइवेट कलेक्शन, जेट विंग्स 'कोलकाता'।

अध्याय 40: राम रहमान, राज दयाल, अमित मेहरा (अमन नाथ)।

अध्याय 41: प्राइवेट कलेक्शन, फ्रेड्रिक अरविडसन, सीसीआरटी।

अध्याय 42: प्राइवेट कलेक्शन, इन्टैक पुस्तक।

अध्याय 43: सीसीआरटी, फ्रेड्रिक अरविडसन, सतीश ग्रोवर (रोली बुक्स), नील मैकएलिस्टर, गेराल्ड क्यूबिट।

अध्याय 44: सीसीआरटी, फ्रेड्रिक अरविडसन, गेराल्ड क्यूबिट।

ग्रंथ सूची

1. ग्रेट मॉन्यूमेंट्स ऑफ़ इंडिया, शोभिता पुंजा, द गाइड बुक कंपनी लिमिटेड, हांगकांग, 1994।
2. खजुराहो एंड इट्स हिस्टॉरिक सराउंडिंग्स, शोभिता पुंजा, ओडिसी, हांगकांग, 1994।
3. म्यूज़ियम्स ऑफ़ इंडिया, शोभिता पुंजा, पेंगुइन बुक्स इंडिया, 1998।
4. दिस इज़ इंडिया, शोभिता पुंजा, गेराल्ड क्यूबिट, न्यू हॉलैंड पब्लिशर्स, यूनाइटेड किंगडम, 1996।
5. द गोल्डन टेम्पल, द गाइड बुक कंपनी लिमिटेड, हांगकांग, 1992।
6. उड़ीसा, द गाइड बुक कंपनी लिमिटेड, हांगकांग, 1994।
7. बनारस, द गाइड बुक कंपनी लिमिटेड, हांगकांग, 1995, 1992।
8. औरंगाबाद - कल्चर, आर्ट एंड आर्किटेक्चर, इन्टैक औरंगाबाद अध्याय।
9. जापान, डोरलिंग किंडरस्ले।
10. रामपुर रज़ा पुस्तकालय - मोनोग्राफ़, डब्ल्यू.एच. सिद्दीकी, रामपुर रज़ा पुस्तकालय, रामपुर, 1998।
11. द बुक इन इंडिया, संपादक बी. एस. केसवन, नेशनल बुक ट्रस्ट, भारत, दिल्ली, 1992।
12. अलादीन एंड अदर टेल्स फ्रॉम द अरेबियन नाइट्स, रोजालिंड केरवेन, डोरलिंग किंडरस्ले, 1998।
13. संस्कृति, संस्कृति प्रतिष्ठान, नई दिल्ली, 2005।
14. जैसलमेर, बिंदु मनचंदा, हार्पर कॉलिन्स पब्लिशर्स इंडिया, नई दिल्ली, 2001।
15. आर्किटेक्चर ऑफ़ द इंडियन डेज़र्ट, कुलभूषण और मीनाक्षी जैन, एएडीआई सेंटर, अहमदाबाद, 2000।
16. मास्टरपीसेस ऑफ़ ट्रेडिशनल इंडियन आर्किटेक्चर, सतीश ग्रोवर, रोली और जानसेन बी.वी., नई दिल्ली, 2004।
17. जेट विंग्स, कोलकाता, वॉल्यूम 5, अंक 12।
18. द आर्ट ऑफ़ इंडिया, सी. शिवराममूर्ति, अब्राम्स, न्यूयॉर्क, 1974।
19. बॉम्बे - द सिटीज़ विदिन, शारदा द्विवेदी, इंडिया बुक हाउस, बॉम्बे, 1995।
20. हैंड्स ऑन हेरिटेज, इन्टैक, नई दिल्ली, 2003।

भारतीय संस्कृति पर श्रेष्ठतम पुस्तकें

1. द वंडर दैट वाज़ इंडिया, ए. एल. बाशम, रूपा एंड कंपनी, 1994।
2. हैंडीक्राफ़्ट्स ऑफ़ इंडिया, कमलादेवी चट्टोपाध्याय, आईसीसीआर, नई दिल्ली, 1975।
3. हिस्ट्री ऑफ़ इंडिया एंड इंडोनेशियाई आर्ट, कुमारस्वामी, डोवर, न्यूयॉर्क, पुनर्मुद्रण: 1985।
4. द अर्थ मदर: एन इंट्रोडक्शन टू द रिचुअल आर्ट्स ऑफ़ रूरल इंडिया, पुपुल जयकर, पेंगुइन, नई दिल्ली, 1981।
5. स्पीकिंग ट्री, रिचर्ड लैनॉय, ऑक्सफ़ोर्ड यूनिवर्सिटी प्रेस, न्यूयॉर्क, 1971।
6. ए हिस्ट्री ऑफ़ इंडिया, वॉल्यूम I, रोमिला थापर, हार्मोंड्सवर्थ: पेंगुइन, 1966।
7. ए हिस्ट्री ऑफ़ इंडिया, वॉल्यूम II, पर्सिवल स्पीयर, हार्मोंड्सवर्थ: पेंगुइन, 1966।
8. क्लासिकल इंडियन डांस इन लिटरेचर एंड द आर्ट्स, कपिला वात्स्यायन, संगीत नाटक अकादमी, नई दिल्ली, 1977।

राष्ट्रीय प्रतीक

पशु – बाघ

वैज्ञानिक नाम *पेंथेरा टाइग्रिस (लिनियस)*। बाघ जंगल का स्वामी होता है, जिसके शरीर पर काली और पीली धारियों वाला मोटा चर्म होता है। भारत सरकार ने लुप्तप्राय बाघों की आबादी को संरक्षित करने के उद्देश्य से 1973 में प्रोजेक्ट टाइगर शुरू किया था। आज बाघ भारत के वन्यजीवन के संरक्षण प्रयासों का प्रतीक है। बाघ को बचाकर हम अपने जंगलों, जल संसाधनों और पारिस्थितिकी तंत्र को बचाते हैं।

प्रतीक: साहस, शक्ति, शोभा, बल।

गान – जन गण मन

मूल रचना रबीन्द्रनाथ ठाकुर द्वारा बंगाली में रचित है। भारत की संविधान सभा ने 24 जनवरी 1950 को इसके हिंदी संस्करण को राष्ट्रगान के रूप में अपनाया था। इसे पहली बार 27 दिसंबर 1911 को भारतीय राष्ट्रीय कांग्रेस के कलकत्ता अधिवेशन में गाया गया था।

पक्षी – मोर

वैज्ञानिक नाम *पावो क्रिस्टेटस (लिनियस)*। मोर संसार का सबसे ख़ूबसूरत पक्षी है, जिसके रंग-बिरंगे सुंदर पंख हैं। यह भारतीय वन्यजीव (संरक्षण) अधिनियम, 1972 के तहत संरक्षित पक्षी है।

प्रतीक: सौंदर्य, शोभा, गर्व, मानसून का आगमन।

ध्वज – तिरंगा

भारत का राष्ट्रीय ध्वज तिरंगा है जिसमें केसरिया, सफ़ेद और हरे रंग की एक समान आकार की क्षैतिक पट्टियाँ हैं। सफ़ेद पट्टी के बीच में एक गहरे नीले रंग का चक्र है जिसमें 24 तीलियाँ हैं। ध्वज की चौड़ाई और लंबाई का अनुपात दो अनुपात तीन है।

प्रतीक: **केसरिया** – त्याग, साहस; **सफ़ेद** – शांति, सत्य; **हरा** – उर्वरता, वृद्धि, सौभाग्य; **चक्र** – आध्यात्मिक विकास का धर्मचक्र।

पुष्प – कमल

वैज्ञानिक नाम *नीलम्बो न्यूसीफेरा*। कमल लाल, सफ़ेद और गुलाबी जैसे मनमोहक रंगों में स्थिर पानी में या कीचड़ में उगता है।

प्रतीक: दिव्यता, ज्ञान, आत्मबोध, दीर्घायु।

फल – आम

वानस्पतिक नाम *मैंगिफेरा इंडिका*। भारत में आम की 500 से अधिक क़िस्मों की खेती की जाती है। इसका सेवन इसके मीठे स्वाद के लिए किया जाता है। यह विटामिन ए, सी और डी से भरपूर होता है। आम का उल्लेख कालिदास के साहित्य, सिकंदर और चीनी तीर्थयात्री ह्वेन त्सांग के संस्मरणों में हुआ है। अकबर ने बिहार के दरभंगा में आम के एक लाख पेड़ लगाए थे।

प्रतीक: आम के बौर – वसंत ऋतु और प्रेम।

खेल – हॉकी

इस खेल की शुरुआत भारत में ब्रिटिश सेना की रेजीमेंटों ने की थी और पहला हॉकी क्लब कलकत्ता में 1885-86 में स्थापित किया गया था। मेजर ध्यानचंद ने हॉकी को राष्ट्रीय खेल के रूप में लोकप्रिय बनाया। 1928-1956 हॉकी का स्वर्ण युग था, जब भारत ने ओलंपिक खेलों में हॉकी में लगातार 6 स्वर्ण पदक जीते थे।

गीत – वंदे मातरम्

मूल रूप से बंगाली कवि बंकिम चंद्र चटर्जी द्वारा संस्कृत में रचित यह गीत, भारतीय स्वतंत्रता के लिए किए जाने वाले संघर्षों का पर्याय बन गया था।

वृक्ष – बरगद

वैज्ञानिक नाम *फिकस बेंगालेंसिस*। यह सदाबहार, देशज भारतीय वृक्ष 30 मीटर या उससे भी अधिक तक बढ़ सकता है। इसके अंकुरों से जड़ें विकसित होती हैं, जिनसे नए तने बनते हैं, जो कई एकड़ क्षेत्र में फैल सकते हैं। सबसे बड़ा और सबसे पुराना ज्ञात बरगद का पेड़ चेन्नई के अडयार में है, जो 59,500 वर्ग फुट के क्षेत्र में फैला हुआ है। बॉटनिकल गार्डन, कलकत्ता में स्थित पेड़ 1.6 हेक्टेयर में फैला हुआ है, जिसके 100 अनुषंगी तने हैं।

प्रतीक: कल्पवृक्ष या इच्छा पूरी करने वाले वृक्ष के रूप में जाना जाता है।